权威·前沿·原创

**皮书系列为
"十二五""十三五"国家重点图书出版规划项目**

智库成果出版与传播平台

贵州国有企业社会责任发展报告
（2019~2020）

ANNUAL REPORT ON DEVELOPMENT OF STATE-OWNED ENTERPRISES SOCIAL REPONSIBILITY IN GUIZHOU (2019-2020)

主　编／郭　丽
副主编／李德生　张云峰

社会科学文献出版社
SOCIAL SCIENCES ACADEMIC PRESS (CHINA)

图书在版编目(CIP)数据

贵州国有企业社会责任发展报告.2019-2020/郭丽主编.--北京:社会科学文献出版社,2020.12
（贵州蓝皮书）
ISBN 978-7-5201-7460-2

Ⅰ.①贵… Ⅱ.①郭… Ⅲ.①国有企业-企业责任-社会责任-研究报告-贵州-2019-2020 Ⅳ.
①F279.277.3

中国版本图书馆 CIP 数据核字（2020）第 198530 号

贵州蓝皮书
贵州国有企业社会责任发展报告（2019~2020）

主　　编 / 郭　丽
副 主 编 / 李德生　张云峰

出 版 人 / 王利民
责任编辑 / 薛铭洁

出　　版 / 社会科学文献出版社·皮书出版分社（010）59367127
　　　　　地址：北京市北三环中路甲 29 号院华龙大厦　邮编：100029
　　　　　网址：www.ssap.com.cn
发　　行 / 市场营销中心（010）59367081　59367083
印　　装 / 天津千鹤文化传播有限公司
规　　格 / 开　本：787mm×1092mm　1/16
　　　　　印　张：13.75　字　数：179 千字
版　　次 / 2020 年 12 月第 1 版　2020 年 12 月第 1 次印刷
书　　号 / ISBN 978-7-5201-7460-2
定　　价 / 128.00 元

本书如有印装质量问题，请与读者服务中心（010-59367028）联系

▲ 版权所有 翻印必究

《贵州蓝皮书·国有企业社会责任》
编纂领导小组

组 长 吴大华 贵州省社会科学院党委书记
　　　　 张学立 贵州省社会科学院院长

成 员 唐显良 贵州省社会科学院副院长
　　　　 申　勇 贵州省国有资产监督管理委员会党委副书记

《贵州蓝皮书·国有企业社会责任（2019~2020）》编委会

主　编　郭　丽

副主编　李德生　张云峰

编　委　徐海星　周芳苓　张云峰　吴月冠　李德生
　　　　　赵燕燕

本书作者（以文序排列）
　　　　　郭　丽　周鹍飞　林　俐　刘舜青　张云峰
　　　　　吴月冠　李德生　杨红英　周芳苓　李昌先
　　　　　崔青仙　雷陈陈　赵燕燕　廖昌海　魏　霞
　　　　　贾梦嫣　陈丹丁

主要编撰者简介

郭 丽 贵州省社会科学院马克思主义研究所所长、研究员,贵州省委宣传部"四个一批"人才。研究方向:国有企业社会责任、基层党建、公共管理。参与完成国家社科基金重点课题子项目"中国百县市基金社会调查·遵义卷汇川区卷";主持完成省长基金课题"贵州省农村公共产品供给新体制研究"、省招标课题"贵州省'整脏治乱'法规政策研究"2项,横向课题研究18项;著作12本,其中,专著1本:《贵州省加强换届后县级领导班子建设研究》,主编8本:《谱写"中国梦"贵州篇章实践与探索》《贵州国有企业社会责任发展报告(2014)》《贵州国有企业社会责任发展报告(2014~2015)》《贵州国有企业社会责任发展报告(2015~2016)》《贵州国有企业社会责任发展报告(2016~2017)》《贵州国有企业社会责任发展报告(2017~2018)》《贵州国有企业社会责任发展报告(2018~2019)》《贵州营商环境百企调查(2019)》,参与编撰3本:《全面从严治党——贵州的学习研究与实践》《长征路上的新长征》《中国共产党成立90周年理论研讨会论文集》;在核心期刊上发表文章3篇,在省级以上公开刊物发表文章近50篇。

李德生 贵州省社会科学院马克思主义研究所副研究员,研究方向:中国历史、马克思主义中国化、国有企业社会责任。出版著作有:《名臣名将述评》(个人)、《抗战时期贵州民政研究》(个人)、《贵州侨史》(第二作者),参与并完成独立章节的出版著作有《贵阳通史》《贵州脱贫攻坚70年》《抗战时期贵州田赋研究》《贵州营环境百企调查（2019）》《贵州国有企业蓝皮书》（2016～2020每年1本）等。主持完成省领导圈示课题"贵州省民族地区学前教育研究"和多项横向课题，在省级以上刊物公开发表文章40余篇。

张云峰 男，贵州省社会科学院马克思主义研究所副研究员。研究方向：党史党建、农村区域发展。主持和参与完成国家社科基金课题、省社会规划课题、省领导指示圈示课题和横向委托课题20多项，出版专著1部，作为副主编参与编著多部，在省级以上报刊及公开出版物发表文章10余篇。

摘　要

2019年是脱贫攻坚决战之年，我们要尽锐出战，夺取根本性胜利；2020年是脱贫攻坚决胜之年。脱贫攻坚是全面建成小康社会的底线任务，是实施乡村振兴战略的优先任务，是当前"三农"工作的重中之重、急中之急。贵州牢牢抓住中央深入推进三大攻坚战、支持重大项目建设和补短板、推进东西部扶贫协作等重大机遇，一手抓疫情防控、一手抓脱贫攻坚，始终坚持以脱贫攻坚统揽经济社会发展全局，全力打好脱贫攻坚"四场硬仗"，各种资源向脱贫攻坚聚集，聚焦深度贫困地区发起猛攻，确保所有贫困人口如期脱贫、所有贫困县如期摘帽、小康路上一个不落。产业发展是解决农村一切问题的前提，既关系贫困农民脱贫，也关系脱贫成果巩固、关系广大农民持续增收。发展是硬道理，只有落实高质量的发展要求，才能确保决战决胜可持续。民生是最大的政治。稳中求进是当前和今后一个时期党和国家工作的总基调。这是贵州省委、省政府践行习近平总书记精准脱贫思想的号召令，也是贵州国有企业社会责任履行的方向杆。面对复杂多变的国际形势和疫情风险，贵州国有企业迎难而上，坚持以脱贫攻坚统揽企业经营发展，坚持以人民为中心的发展思想推动脱贫攻坚社会责任，赢得省委、省政府的肯定，社会的一致推崇，成为企业界引领社会责任、践行社会责任的标兵和先锋。

《贵州国有企业社会责任发展报告（2019~2020）》由总报告、分报告、区域篇、案例篇、专题篇和大事记六个部分组成。总报告：对2019~2020年贵州国有企业履行社会责任进行全面系统地梳理，掌握国有企业社会责任形势，分析其中存在的问题，提出加强国有企

业履行社会责任的对策建议,并对2021年国有企业社会责任发展趋势进行展望。分报告:主要包含经济发展、生态建设、党建引领助推脱贫攻坚等内容,分别阐释2019年贵州国有企业在经济发展、生态建设、党建引领助推脱贫攻坚等方面的主要做法、取得的成效、存在的问题及对策建议。区域篇:选择贵阳、遵义作为样本分析,详细描述贵阳市、遵义市国有企业的总体情况及履行社会责任的情况,指出其履行社会责任的困境与问题,分析提出贵阳市、遵义市国有企业履行社会责任的对策建议。案例篇:2020年是贵州全面建成小康社会之年,是脱贫攻坚决胜年,是国有企业党建脱贫经验及成效的总结之年,本蓝皮书确定党建脱贫为主题,以贵州部分国有企业党建脱贫作为样本分析,介绍各个国有企业党建脱贫的做法、成效及经验,以为其他国有类型企业提供借鉴与参考。专题篇:由《贵州国有企业帮扶深度贫困县脱贫攻坚经验及启示》《贵州国资国企抗击疫情推进经济发展调研报告》《贵州国有企业履行社会责任的帮扶机制与减贫效应》组成。大事记:对贵州国有企业2019~2020年履行社会责任的重大活动予以记录,真实记载国有企业社会责任的历史脉络和发展历程。

关键词: 高质量发展 产业发展 风险防控

Abstract

2019 is the year of decisive battles and we fought as hard as we could to achieve fundamental victories and 2020 is critical for poverty alleviation. Poverty alleviation is the bottom-line task of building a well-off society in an all-round way, the priority task of implementing the rural revitalization strategy, and the top priority and the most urgent task in the development of agriculture, rural regions and rural population. Guizhou firmly seizes such major opportunities as the central government's in-depth advancement of the three major battles, supporting the construction of major projects and making up for shortcomings, and advancing cooperation in poverty alleviation between the East and the West, grasping epidemic prevention and control on the one hand, and poverty alleviation on the other, and has been putting emphasis on poverty alleviation. In such battles against poverty, it is important that no one gets left behind. Industrial development is the prerequisite for solving the problems in rural areas. It is related not only to poverty reduction, but also to the consolidation of poverty alleviation results and the continuous increase of farmers'income. Development is the last word. Only by implementing high-quality development requirements can we ensure the decisive victory over sustainability. To improve people's livelihood is the priority of every work. High quality development is the premise to sustainable development. Seeking progress while maintaining stability is the general keynote of the CCP and the government and provides guidance to the development of the SOEs in Guizhou. Facing the challenges of complex international situation and COVID – 19 outbreaks, the SOEs in Guizhou, putting great emphasis on poverty alleviation and sticking to the people-oriented principle of development, have become the model and pioneer in performing social responsibility.

This Blue Book is composed of 6 parts including the general report, the sub-reports, the regional reports, the case reports, the special reports and the memorabilia. The general report delivers a comprehensive analysis on the performance of social responsibility of the SOEs in 2019 ~ 2020, then discusses the existing issues and puts forward the relevant suggestion and prediction in the coming year. The sub-reports cover such areas as economy development, environment protection, Party construction and poverty reductions, discusses the practice, achievement and difficulties and gives suggestions. The regional reports, taking the practice in Guiyang and Zunyi as examples, demonstrate the overall situation and issues of the SOEs in performing their social responsibilities, and then put forward the relevant suggestions. The case reports, with the theme on poverty alleviation through Party construction, discuss the experience of SOEs. The special reports include such articles as *The Experience and Inspiration of the Engagement of SOEs in Poverty Alleviation*, *An Survey on Fight Against COVID – 19 Outbreak of SOEs in Guizhou* and *Mechanism and Achievement of Performance of Social Duty in Guizhou*. The memorabilia records the major events and activities in the relevant field in 2019 ~ 2020.

Keywords: High – Quality Development; Industrial Development; Prevent and Control of Risk

目 录

Ⅰ 总报告

B.1 2019~2020年贵州国有企业社会责任形势分析及展望
　　……………………………………………… 郭　丽　周鹏飞 / 001

Ⅱ 分报告

B.2 贵州国有企业经济责任发展报告……………… 林　俐　刘舜青 / 020
B.3 贵州国有企业生态责任研究报告……………………… 吴月冠 / 041
B.4 贵州国有企业履行脱贫攻坚社会责任报告
　　……………………………………………… 张云峰　付萍萍 / 055

Ⅲ 区域篇

B.5 2019年贵阳市国有企业社会责任报告……………… 李德生 / 066
B.6 2019年遵义市国有企业社会责任发展报告……… 杨红英 / 082

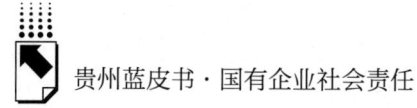

Ⅳ 案例篇

B.7 2019～2020年贵州习酒公司社会责任报告 ………… 李德生 / 094

B.8 贵州电网有限责任公司"十三五"时期
扶贫责任履行报告 ……………………… 赵燕燕 陈丹丁 / 103

B.9 2019年盘江煤电集团脱贫攻坚社会责任报告 …… 廖昌海 / 112

B.10 贵州现代物流集团以党建领航助力脱贫攻坚
……………………… 赵燕燕 陈忠文 / 121

B.11 2019年磷化集团党建促脱贫工作报告 ………… 廖昌海 / 129

B.12 抓党建促扶贫　决战决胜脱贫攻坚战
——贵州乌江水电公司扶贫责任履行报告
……………………… 赵燕燕 覃　媛 / 134

Ⅴ 专题篇

B.13 贵州国有企业帮扶深度贫困县脱贫攻坚经验及启示
……………………………………… 郭　丽 / 142

B.14 贵州国资国企抗击疫情推进经济发展调研报告
……………………………………… 魏　霞 / 153

B.15 贵州国有企业履行社会责任的帮扶机制与减贫效应
……………… 周芳苓 李昌先 崔青仙 雷陈陈 / 170

Ⅵ 大事记（2019年）

B.16 贵州省国有企业社会责任大事记（2019年） …… 贾梦嫣 / 189

B.17 后　记 ………………………………………………… / 196

皮书数据库阅读**使用指南**

CONTENTS

I General Reports

B.1 Situation Analysis and Prediction of Social Responsibility of
State-owned Enterprises (SOEs) in Guizhou in 2019~2020
Guo Li, Zhou Lifei / 001

II Sub-reports

B.2 An Analysis on Economic Responsibility of SOEs in Guizhou
Lin Li, Liu Shunqing / 020

B.3 Report on Ecological Responsibility of SOEs in Guizhou
Wu Yueguan / 041

B.4 Report onSocial Responsibility Performance in Poverty
Alleviation of SOEs in Guizhou *Zhang Yunfeng, Fu Pingping* / 055

III Regional Reports

B.5 Report on Social Responsibility Development of SOEs in
Guiyang in 2019 *Li Desheng* / 066

B.6 Report on Social Responsibility Development of SOEs in
Zunyi in 2019   *Yang Hongying* / 082

Ⅳ   Case Reports

B.7 Social Responsibility Report of Guizhou Mou Tai Distillery (Group)
Xi Jiu Co., Ltd in 2019~2020   *Li Desheng* / 094

B.8 Responsibility of Poverty Alleviation of Guizhou Power Grid Co.,
Ltd in the 13th-Five-Year-Plan Period   *Zhao Yanyan, Chen Danding* / 103

B.9 Responsibility of Poverty Alleviation of Guizhou Panjiang
Coal and Electricity (Group) Co., Ltd in2019   *Liao Changhai* / 112

B.10 Engagement in Poverty Reduction through Party Construction of
Guizhou Modern Logistics Industry Group
                                  Zhao Yanyan, Chen Zhongwen / 121

B.11 Report on Poverty Reduction through Party Construction of
Guizhou Phosphorus Chemistry Industry Group in 2019
                                          Liao Changhai / 129

B.12 Party Construction and Poverty Alleviation
    —*Performance of Social Responsibility of Guizhou Wujiang*
      Hydroelectric Development Co., Ltd.   *Zhao Yanyan, Qin Yuan* / 134

Ⅴ   Special Reports

B.13 Experience and Inspiration of the Engagement of SOEs in
Poverty Alleviation   *Guo Li* / 142

B.14 An Survey on Fight Against COVID-19 Outbreak of SOEs
in Guizhou   *Wei Xia* / 153

B.15 Mechanism and Achievement of Performance of Social Duty
in Guizhou   *Zhou Fanglin, Li Changxian, Cui Qingxian and Lei Chenchen* / 170

Ⅵ Memorabilia

B.16 Major Events regarding Social Responsibility of SOEs in
Guizhou in 2019 *Jia Mengyan* / 189

B.17 Postscript / 196

总报告

General Report

B.1 2019~2020年贵州国有企业社会责任形势分析及展望

郭 丽 周鹂飞 *

摘　要： 贵州国有企业面对国内外风险挑战明显上升的复杂局面，以习近平总书记打好全面建成小康社会防范化解重大风险、精准脱贫、污染防治三大攻坚战精神为指引，持续深化国有企业改革激发活力，坚持目标导向，加快主要指标快速增长，拓展国有企业高质量发展方式，助推脱贫攻坚，彰显帮扶成效，服务大局能力提升，强化风险防控促进企业健康发展。贵州国有企业坚持以人民为中心，创新脱贫方式，变"输血"扶贫

---

* 郭丽，贵州省社会科学院马克思主义研究所所长、研究员，研究方向：国有企业社会责任、基层党建、公共管理；周鹂飞，贵州省财经大学讲师，研究方向：高校大学生档案管理。

为"造血"扶贫,激发贫困群众脱贫内生动力,提升了被扶贫者的生存与发展能力,在脱贫攻坚、全面建成小康社会历史进程中,留下浓墨重彩的一笔,赢得了政府、社会的高度认可与赞扬。贵州国有企业将政治责任、经济责任、法律责任和社会责任进行有机结合,切实提高国有企业社会责任的内生动力与履职能力,自觉担当社会责任的意识大幅度提升。

关键词: 国有企业 社会责任 贵州

一 贵州国有企业社会责任履行情况分析

面对我国经济下行压力持续加大的总体形势,贵州国有企业按照中央和贵州省委、省政府推动经济高质量发展的工作部署:纵深推进国有企业改革,企业活力不断增强;紧盯目标任务,推动企业主要指标快速增长;聚焦高质量发展,企业发展活力不断增强;助力脱贫攻坚,社会责任进一步彰显;强化风险管控,企业健康发展大局稳定。

(一)纵深推进国有企业改革激发企业活力

聚焦重点领域、重点目标,推动国企改革走深走实。一是深化供给侧结构性改革。贵州坚决贯彻落实"巩固、增强、提升、畅通"八字方针,进一步增强国有资本整体功能和效率,充分发挥工业与省属国有企业绿色发展基金、国企应急周转资金的平台作用,2019年累计投放资金200多亿元,帮助省属国有企业解决改革发展、结构调整、转型升级过程中遇到的困难和问题。黔晟国资筹资4.5亿元收购遵钛集团11.2亿元金融债务,积极助力企业深化改革,促进企业脱困发展。贵州金元集团实施煤电联营战略,探索火电经营新模式,谋求新的利润增长点,2019年公司整体实现扭亏为盈,一举扭转多年来连续巨额亏损局面,火电板块同比大幅减亏,水电板块同比增利2.2亿元,太阳能板块同比增利1.2亿元。二是加快推进剥离国有企业办社会职能和解决历史遗留问题。加大督查力度,指导各市(州)成立领导小组,扎实推进国有企业退休人员社会化管理和职工家属区"三供一业"分离移交后续工作。加大资金支持力度,拨付财政补助资金约27.85亿元用于盘江煤电、首钢水钢等企业"三供一业"维修改造,完成率99%。三是重点推动重组企业快速发展。强力推进战略性重组企业各项目标落实落地。盘江煤电、乌江能源等6户重组企业战略支撑能力和行业引领能力明显增强。乌江能源安岩2井、3井成功点火,全年营业收入35.8亿元,利润7.0亿元。物流集团全年营业收入164亿元,同比增长16.3%,利润总额2.0亿元,同比增长19.5%。酒店集团全力打造具有贵州特色的酒店品牌体系。原瓮福集团和开磷集团合并为磷化集团,实现了20年想合而未合、想做而未能做成的愿望。

(二)坚持目标导向促进主要指标快速增长

国有企业坚持目标导向,狠抓任务落实,强化运行监测,生产经营稳中有升、稳中有进。一是经营效益大幅增长。截至2019年末,贵州省国有资产管理委员会监管的28户企业资产总额11906.9亿元,所有者权益4538.3亿元。28户监管企业累计实现营业收入4234.2亿元,同比增长9.4%,利润总额709.0亿元、增加值1667.1亿元、税收567.8亿元[①],是贵州经济建设的重要支柱和骨干。25户企业盈利,其中4户企业扭亏为盈,盈利面89.3%。二是发展质量明显提

---

① 资料来源:贵州省国有资产管理委员会2019年工作总结。

升。资产结构更趋优化，债务风险整体下降。2019年末，监管企业平均资产负债率63.7%，比上年下降1.8个百分点；聚焦主业谋发展，收入质量提升，收入利润率16.7%，比上年提升1.8个百分点；成本费用管理作用凸显，成本支出效率提高，成本费用增幅低于营业收入增幅1.7个百分点、低于利润总额增幅15个百分点，百元收入负担的成本费用同比下降1.4元①；研发投入持续加大，研发费用同比增加9.9亿元，增长181.4%。三是增比进位成效明显。国资委监管的独资及控股企业净资产收益率（12.7%）、成本费用利润率（29.8%）、收入利润率（23.3%）在全国37个省区市（含计划单列市）省级国资监管企业中排名第1位，平均资产负债率（56.9%）低于全国大多数省区市，排名第3位。与周边5个省区市相比，经营规模虽然靠后，但资产盈利能力较强，利润总额、净利润、增加值、成本费用率等指标位列第1，整体资产负债率水平优于其他5个省区市。四是社会贡献持续增大。2019年28户监管企业累计实现税金567.8亿元，在国家减税降费的大背景下，同比增长9.8%；实现增加值1667.1亿元，同比增长13.6%；实现社会贡献总额1802.4亿元，同比增长12.7%；监管企业上缴国有资本收益66.4亿元，上缴特别收益金65.9亿元，除调入一般公共预算外，资金主要用于国企改革发展和解决历史遗留问题，为推动企业实现高质量发展提供有力支持。

（三）拓展国有企业高质量发展方式

国有企业积极贯彻创新发展理念、持续加大资金投入力度、实施创新驱动战略，调整优化资源配置，助力企业转型升级、做大做强主导产业，促进企业高质量发展。一是转型升级深入推进。围绕打造十

---

① 《2019年28户贵州省国资委监管企业营收4234.2亿元 净利润同比增21.6%》，天眼新闻，https://baijiahao.baidu.com/s?id=1656257429569332704&wfr=spider&for=pc，2020年1月20日。

大千亿级工业产业，推动企业围绕主业增强投资、转型升级。磷化集团集中开工 PPA、无水氟化氢、磷石膏利用 3 类重点项目，持续巩固市场领先、技术领先和生态环保领先地位。二是创新能力明显增强。坚持实施创新驱动战略，深入推进企业技术改造，不断提升市场竞争力，抢占发展制高点。2019 年，全国高新技术企业认定管理领导小组同意贵州瑞恩检测技术有限公司等 646 家企业为高新技术企业，贵州省高新技术企业总数达 1644 家，比 2018 年高新企业总数增长 40%。贵州省国资委监管企业 2019 年申报专利 969 件，获得授权 575 件。磷化集团实施的"湿法磷酸高质化和清洁生产微化工程技术应用项目"获得 2019 年度国家科技进步二等奖。贵绳集团坚持以科技创新为引领，围绕"培养新动能，推动转型升级与高质量增长"这一目标，启动中央预算内投资计划"深海多点锚泊系统用钢丝绳中试基地建设项目"建设，持续巩固了行业领先地位。三是"瘦身健体"有效推进。加快低效无效资产清理，不断压缩管理层级、减少法人单位，完成 40 户省管企业主业核定，完成 57 户"僵尸企业"清理处置。黔南州国资局指导州级国有企业、各县市开展资产清理、清查及处置工作，可出让存量国有土地面积 1.75 万亩、可变现净值 35.54 亿元。

（四）助力脱贫攻坚彰显帮扶成效

脱贫攻坚是全面建成小康社会的硬指标。贵州国有企业加大产业扶贫、就业扶贫、教育扶贫有机结合力度，大局面前当仁不让，重任面前敢于担当，充分发挥国企优势，坚决扛起脱贫攻坚重大政治责任。一是持续加大帮扶力度。贵州国有企业瞄准"一个不掉队"的目标，从系统企业选派 700 人参加驻村工作，动态掌握履职情况，及时调整轮换，确保因村派人精准。充分发挥国企资金、技术、资源优势，坚决打赢脱贫攻坚战，直接投入扶贫资金 47.94 亿元，帮助引进

资金 1 亿元，发展项目 1163 个，带动增收 74.11 亿元，组织劳务输出 15.72 万人次，帮助 28.33 万人脱贫。二是持续压紧脱贫责任。强化"一把手"负总责的责任制，把脱贫攻坚工作作为党委工作的重中之重，通过强部署、严考核、抓巡查，责任层层压实。将脱贫攻坚任务进行分解，落实责任人，建立健全脱贫攻坚责任链，增强国有企业人人都是脱贫攻坚责任人意识，形成人人有责的良好局面。三是持续壮大集体经济。贵州国有企业扶贫以村集体经济壮大为核心，大力拓展特色产业、乡村旅游、农村电商、冷链物流体系建设等扶贫方式，深入推进农村产业革命，全面推行产业选择、培训农民、技术服务、资金筹措、组织形式、产销对接、利益联结、基层党建"八要素"，创新产销对接机制、利益联结机制，职工食堂采购贫困地区农产品的价值占食堂采购总价值的 60.81%。

（五）服务大局能力明显提升

深入实施"一带一路"倡议，坚持"走出去""引进来"，不断拓展业务深度和广度。一是区域合作取得新成效。抢抓新时代西部大开发战略机遇，与四川省国资委签署合作框架协议，积极推动川、黔两省国有企业在交通基础设施建设、轨道交通、物流贸易、能源化工、白酒产业等 14 个领域开展深度合作，携手共创区域合作新格局①。二是产业布局开创新局面。围绕十大千亿级工业产业优化布局，推动监管企业投资向十大产业靠拢。推动大数据与实体经济深度融合发展，新旧动能加快转换，基础能源、优质酒类、清洁高效电力保持两位数增长。不断增强资本实力，贵州国资委全年向贵旅集团等 12 户企业注入资本金 43.32 亿元，促进资源、资本向优势产业进一

---

① 《川黔两省国企将在 14 个领域深度合作》，《四川日报》官网，https://epaper.scdaily.cn/shtml/scrb/20191031/226046.shtml，2019 年 10 月 29 日。

步集聚。三是项目建设取得新突破。各企业坚持融入全省发展大局，聚焦主责主业，积极参与交通、航空、高速等基础设施建设，为贵州脱贫攻坚和经济社会全面发展打下了坚实基础。高速集团全年完成固定资产投资363.33亿元，建成高速公路244.5公里，为交通强省做出了积极贡献。机场集团加快推进贵阳龙洞堡国际机场三期改扩建工程，全省民航旅客吞吐量突破3000万人次，全力构建贵州省空中走廊。四是清欠工作取得新进展。按照中央决策和省委省政府决策部署，成立清欠民营企业中小企业账款工作专班，采取有效措施，促使企业全年完成清欠金额40.77亿元，清偿比例达65.93%，为全省清欠工作的顺利推进做出了应有贡献。

（六）强化风险防控促进企业健康发展

2019年贵州以"防风险、保安全、迎大庆"为主线，逐一开展5个方面19条重点任务45项具体工作，全年未发生系统性区域性风险，为企业营造了良好的发展环境。一是严控企业债务风险。依据《关于加强国有企业资产负债约束的指导意见》，制订了《贵州省国资委监管企业资产负债约束管控工作方案》，规范企业投资行为，严控高负债企业拉高资产负债率的投资行为。全年完成转贷资金共计202.1亿元，涉及企业9户，帮助企业渡过资金难关。完成水矿集团40亿元债转股及100亿元债务重组、瓮福集团31亿元债转股、开磷集团43.7亿元债转股及210亿元债务重组、黔晟国资4.75亿元收购遵钛集团11亿元金融机构不良债务等重点任务①。振华集团拟通过定向增发股份方式，融入资金约8亿元，完成融资后振华新材料资产负债率控制在70%以下。物流集团以优化流动性为着力点，引入股

---

① 《扬帆起航正当时　砥砺奋进谱新篇——2019年贵州省深化国有企业改革综述》，天眼新闻，https://baijiahao.baidu.com/s?id=1665937097226521014&wfr=spider&for=pc，2020年5月6日。

权投资，促进资金由短变长、成本由高变低，资产负债率下降1个百分点。黔南州充分发挥偿债风险资金池作用，周转资金43次，金额12.82亿元，为全州防范化解债务风险起到关键性作用。二是严防环境保护风险。打好污染防治攻坚战是全面建成小康社会三大攻坚战之一，贵州国有企业根据中央、省委生态环境保护督察中"回头看"要求整改的突出问题进行整改，通过督促企业履行环境保护责任、加大资金投入等方式推动问题的整改落实。茅台集团深入开展生态环境治理，设立5亿元环保专项资金，系统推进污水处理系统提质升级、冷却水循环利用等工作。磷化集团坚决落实磷石膏"以渣定产"，推进磷石膏综合利用，全年产生磷石膏1007万吨，实现消纳656万吨，综合利用率65.14%，超过原计划3.77个百分点。三是严防安全生产等重大风险。各监管企业落实安全生产主体责任，扎实开展安全生产、自然灾害大排查大整治、"安全生产月"和"安全生产贵州行"等活动，监管企业安全生产事故起数和死亡人数均下降。贵航集团2019年安全考核排名位列南航系统20家单位中第三名。四是积极维护群众合法权益。坚持以人民为中心的信访工作理念，严格按照"三到位一处理"要求做好信访工作，安排2亿多元资金帮助企业维护稳定、深化改革、脱困发展，办理信访案件407件，化解水矿医院职工群访、首钢水钢改制退休人员集访、省冶建纳入地方医保统筹等积案15起，确保了"两会"、新中国成立70周年大庆等重点敏感期监管企业稳定。

二 贵州国有企业社会责任履行中存在的主要问题

贵州国有企业社会责任履行积极投身于全面实现小康社会中，围绕脱贫攻坚、保值增值、环境保护等取得很大成效，有力地促进了企业转型升级、改革重组和创新发展,为贵州经济社会持续发展做出了积极贡献。但是贵州国有企业社会责任履行在实践推进中仍存在一定的问题。

(一)国有企业社会责任报告发布意识有待提高

国有企业社会责任报告是企业对利益相关方进行书面汇报的主要载体,是政府对国有企业社会责任履行进行考核和监督的重要依据,是整个社会对国有企业履行社会责任监督的有效平台和重要方式。国有企业社会责任报告及发布是每个国有企业的职责和使命,是企业义不容辞的责任,更应是国有企业常态的自觉行为。贵州国有企业社会责任发布会自2011年至2020年已连续举办九届,先后有600多家(次)中央在黔企业、地方国有骨干企业和优秀民营企业会上发布了社会责任报告,历届参会代表累计2500多人次。2019年中央在黔企业、省属国有大型企业、股份制企业和民营企业近100家,从精准扶贫、企业经济责任、法律责任、环境保护责任、社会伦理与慈善责任、消费者权益责任与产品质量责任等视角进行交流[①]。从参与社会责任发布的企业数来看,这与2019年末贵州国有企业1380户相比而言,国有企业社会责任报告发布甚至不足10%。由此可见,贵州国有企业参与社会责任发布的意识仍处于停滞不前状态,仍处于低认知状态,公开社会责任信息积极性和主动性不强,自觉接受社会监督意识不强,社会的知晓率不高,未在国有企业中形成良好氛围,国有企业社会责任报告发布意识仍有待提升。

(二)国有企业发展仍处于非均衡状态

2019年,贵州继续实施工业强省战略,大力改造提升传统产业,

---

① 《贵州省企业社会责任发布会在贵阳举行》,多彩贵州网,http://www.gog.cn/zonghe/system/2019/12/04/017451649.shtml,2019年12月4日。

培育壮大新动能,大力实施"双千工程",着力打造十大千亿级工业企业,培育壮大基础能源、清洁高效电力、先进装备制造等十大千亿工业产业。贵阳排行100强的国有企业保持了较快的增长速度,共实现营业总收入9536亿元,较上年增长680亿元,增长率为7.67%;资产总额快速增长,达28182亿元,较上年增长12.7%;贵州国有企业营业收入上百亿元的企业有25户①,占百强企业的1/4,这25户百亿元营业总收入达5841亿元,占"贵州省百强企业"营业收入的71.74%,超过总营业收入的2/3,整体纳税总额在1亿元的国有企业有68户,其中,11户国有企业纳税超过10亿元。2019年省国资委28户监管企业累计实现营业收入4234.2亿元,同比增长9.4%;利润总额709.0亿元,同比增长22.7%;净利润521.1亿元,同比增长21.6%;25户企业盈利,其中,4户企业扭亏为盈,盈利面89.3%。其中,公开数据显示:2019年,茅台集团完成营业收入1003亿元,同比增长17%;工业总产值950亿元,同比增长16%;增加值990亿元,同比增长16%;净利润460亿元,同比增长16%;实现税收416亿元,同比增长8%。茅台集团营业收入占国资委28户监管企业营业收入的23%,茅台一家独大不均衡发展局面依然严峻。② 由此可见,从主要经济发展指标来看,贵州国有企业发展具有非均衡性。

(三)国有企业发展活力仍有待提升

2019年,紧紧围绕"定位、定向、瘦身、规范、改革"要求,贵州省持续推进国有资产管理委员会监管企业产权制度改革三年行动计划的落实,28户国资委监管企业全部实现股权多元化。当前贵州现有28户被监管国有企业中,国资委独资企业17户,控股企业2户,参股

---

① 《2019年贵州100强名单,贵阳企业排名TOP100》,南方财富网,http://www.southmoney.com/paihangbang/201909/3864608.html,2019年9月10日。
② 资料来源:贵州省国有资产管理委员会2019年工作总结。

9户。贵州围绕"增强活力、提升带动力"这一目标，出台《贵州省国有企业退休人员社会化管理工作方案》，按照国家对"僵尸企业"认定标准，采取吸收合并、内部重组、股权转让、清算关闭、破产等方式，督导企业进行清理处置。非主业工作清理仍需做大量工作，导致国有企业主业不够清晰，定职责、定机构、定人员、定薪水工作仍需加强。贵州省管国有企业"办社会"现象仍存在。

（四）国有企业发展风险防范能力仍需加强

风险防控是国有企业平稳发展的前提条件，贵州省国有资产管理委员会根据《中华人民共和国企业国有资产法》、《企业国有资产监督管理条例》、《国务院办公厅关于加强和改进企业国有资产监督防止国有资产流失的意见》（国办发〔2015〕79号）、《国务院办公厅关于建立国有企业违规经营投资责任追究制度的意见》（国办发〔2016〕63号）、《中共贵州省委办公厅贵州省人民政府办公厅印发〈关于加强和改进全省国资国企监管工作的指导意见〉的通知》（黔党办发〔2017〕31号）、《中共贵州省委贵州省人民政府关于进一步深化国有企业改革的实施意见》（黔党发〔2018〕28号）等法律法规和政策规定，制定了《贵州省国有企业违规经营投资责任追究暂行办法》，开展重大风险隐患排查，梳理出政治规矩、意识形态、社会稳定、国企改革、生产经营、金融债务等11个方面存在的重大风险点，提出66条具体措施，压实工作责任，强化日常预防，坚决防范重大风险的发生。但部分国有企业对于重大风险与债务风险研判能力不足，决策风险评估机制不健全，企业风险防范机制建设滞后，国资委监督机制不及时、不到位。

三 加强贵州国有企业社会责任履行的对策建议

贵州国有企业社会责任是经济责任、可持续发展责任、法律责

任、政治责任、道德责任与社会责任的结合体，是一项综合性强、涉及面广的系统工程，是局部责任与整体责任相互融合发展的整体工程，是国有企业内部责任与外部责任相互促进的有机统一体。国有企业社会责任成为国有企业深化改革内容之一，贵州国有企业要加强国有企业社会责任深化改革的步伐。

（一）提高国有企业社会责任透明度，加大国有企业社会责任审核力度

更好地履行社会责任是国有企业治理体系和治理能力现代化的内在要求。国有企业是国家实现宏观经济调控、引导产业发展的依靠力量，是增强国家经济实力、国防实力的决定性力量。当前，人们对国有企业的认识和评价存在一定误区与偏差，在环境保护、坚持新发展理念、科技创新、安全生产、员工权益等多方面提出了更高要求，因此在国有企业社会责任发布推进上要更加重视。一是加大贵州国有企业社会责任发布力度。国有企业社会责任发布要成为国有企业的自觉行为，真实公开企业经营状况、产品质量、安全生产、环境保护、职工权益维护、参与社会建设等社会责任状况，这本身对于国有企业来说就是一种无声宣传，对于人们认识和了解国有企业具有积极作用。贵州国有企业要加大社会责任发布力度，将社会责任发布视为国有企业的职责所为。二是建立国有企业社会责任管理体制。理顺贵州国有企业社会责任管理体制，建立贵州省国有企业社会责任领导小组，将省国有资产管理委员会、省工商管理局、省质量监督局、省环境保护局等与国有企业社会责任相关职能部门纳为成员单位，办公室设在省国有资产监督管理委员会，由贵州省国资委主任担任领导小组副主任，负责国有企业社会责任战略规划，部署社会责任相关工作，在国有企业内部设置专门的社会责任机构，安排专人负责社会责任联络工作及社会责任落实工作，让负责社会责任工作的同志与企业其他职工享有同等待遇。三是建立国有企业社会责任督察制度。将社会责任发布作为国有企业"规定动作",由贵州省政府社会责任领导小组组织相关部门,建立专门审计小组对国有企业社会责任发布内容进行相关督察,查处对社会责任虚构信息的国有企业。四是建立贵州省国有企业社会责任网站,定期将各行各业国有企业社会责任履行情况向社会公布,定期接受政府、社会(社会组织、公民)监督,及时预防和有效监督国有企业社会责任正确履行,塑造国有企业良好社会形象。

(二)创新国有企业新发展理念,激发国有企业经济增长点

具有自主知识产权的核心技术是企业"命门"所在。核心技术是基础技术、通用技术,是非对称技术、"杀手锏"技术,是前沿技术、颠覆性技术。这是习近平总书记在新时代对国有企业发展提出的新要求,也是国有企业生存发展的必经之道,更是国有企业社会责任履行的前提。一是坚持顶层设计的战略思维。贵州省委、省政府要站在全球、全国的视角,对贵州国有企业创新做统筹思考,挖掘贵州在全球、全国的后发优势,对现有国有企业、民营企业资源要素以及生产技术水平摸清家底,制定国有企业领先、民营企业配合、中小企业参与的融通发展新模式,使国有企业成为创新领跑者,成为企业创新发展龙头,增强对其他类型企业的带动能力,形成创新动力融合发展的新局面。二是坚持市场导向前期调研。国有企业要组织相关研究人员对市场进行调研,精准把脉市场需求,了解各层次消费客体的需求,实现创新具有针对性和可行性。三是追求高目标定位。坚持国有企业发展从传统粗放式增长向集约式方式转变,由低效率向高效率的增长方向发展,从低附加值向高附加值转变,再优化要素投入方式,最终形成以高附加值战略引领高端技术布局,从而提高企业的全要素生产率。四是建立创新体系。国有企业从国际、国内视角,找准市场需求,根据市场需求制定创新体系,组织相关技术力量进行创新研

发,研发后进行试制评价,以评价结果进行生产制造,再进行技术扩散。五是建立国有企业创新激励考核机制。贵州省政府要建立国有企业技术创新激励和考核机制,对技术创新上具有重大突破或者在国际上具有领先水平、在全球价值链高端攀升的国有企业,政府要加大激励力度,对于处于传统企业生产或者处于低端价值链的国有企业,要进一步深化改革,激发其创新内生动力。六是优化技术人才成长环境。切实解决国有企业中特殊科技骨干、技术领军人才的后顾之忧,出台相应的医疗保险、子女就读、创新经费等人才政策,制定详细的知识产权个人与集体共享制度及奖励制度。

(三)强化重要经济指标目标导向,增强国有企业社会责任履职能力

省国资委对28户监管企业提出企业实现营业收入同比增长8.5%、利润总额同比增长10%、劳动生产总值同比增长9.5%、应交税费同比增长10%这样的目标。由于受新冠肺炎疫情影响,在市场和政策叠加影响的情况下,要采取相应强有力的举措,推动国有企业在贵州经济社会"稳定器""压舱石"的作用。一是建立完善的经营业绩考核体系。围绕新发展理念,新发展目标从效益效率、科技创新、机构调整、风险管控、重点工作任务等多方面、多视角地构建考核指标体系,构建科学合理的评价指标体系。二是以考核结果定位薪酬水平。以考核结果为依据,挂钩薪酬待遇,业绩好的国有企业薪酬水平增加,形成业绩与薪酬协调联动机制,调动国有企业高质量发展动力,增强国有企业核心竞争力。三是降低成本管控。国有企业要适应产业与消费"双升级",根据市场需求,拓展开发市场,扩大增量,全面分析研判疫情带来的冲击影响,进一步聚焦目标任务,精准施策,做到"三稳四保一加强"。四是提升国有企业运营能力。贵州国有企业要按照国务院国资委的"对标一流管理提升行动"部署,

多学习相近的管理理念、管理模式、管理经验，拓宽眼界、提升管理能力，增强精细化管理能力，在社会治理体系和治理能力现代化进程中当先锋、做表率。

（四）深入推进国有企业改革，增强国有企业发展内生动力

抢抓新时代西部大开发大好时机，转变国有企业经营机制，提高国有企业经济效益。一是剥离国有企业办社会职能和解决企业历史遗留问题。国有企业办社会职能是指国有企业承办了本应由社会化经营主体或公共机构承办的各种社会服务职能。其主要包括职工住宅"三供一业"、离退休人员管理、承办教育机构、医疗机构和消防市政五个方面。贵州省国有企业要继续结合自身实际，对当前突出的问题进行梳理和分类，制定有力措施，倒排工期，不断创新方式方法，努力破解难题。二是推进监管企业混合所有制改革。实施国企混合所有制改革，是党中央、国务院的重要部署，贵州省坚持省国资委主导、企业主动、部门联动、协调推进原则，在集团层面、子公司层面、员工层面和企业上市层面用不同方式进行混改，集团引进有实力、有影响力的企业，子公司层面盘活存量，整合资源，引进战略投资者参与改制，支持条件合格的混合所有制企业员工参股持股。三是持续推进供给侧结构性改革。全力打造具有贵州特色的酒店品牌体系，加快磷化集团组建后业务、文化深度融合，打造世界国际磷化工先锋队，推进央、地企业合作，共同创造发展新格局，加大依法处置力度，深化"僵尸企业"处置。同时，充分借助西部地区企业融资和上市的政策优势，积极稳妥分层分类混合所有制改革，推动混合所有制企业深度转化经营机制。四是加快资产证券化步伐。按照"培育一批、辅导一批、申报一批、上市一批"的要求，通过对盘江煤层气公司、新能源开发公司、金元威宁能源公司、詹阳重工公司、振华新材料公司等10家上市后备企业重点培育，完成2~3家后备企业

上市申报工作，政府税务、国土、发改、环保、证监等部门积极配合，特事特办。六是推动其他综合配套改革。贯彻落实省委"定位、定向、瘦身、规范、改革"的要求，根据各个国有企业实际情况，制定符合企业自身的改革发展模式。如茅台集团要全面完成茅台酒营销体制改革和茅台集团管理体制改革。

（五）加强防范化解重大风险意识，提高重大风险防范化解底线能力

防范化解重大风险，是国有企业生存与发展的底线。一是加强内部控制管理。内部控制是现代企业风险防范的重要举措。聘请第三方评估机构对国有企业进行摸底，摸清各个国有企业人员、资产债务、市场拓展、技术创新、重大工程、重大项目、安全生产等风险点，在国有企业内部树立全面风险管理意识，开展全面风险内部管理工作，制定风险管理流程。二是国有企业要建立健全债权债务管理规范及相关事项报告制度，企业要加强对债权债务的统计分析、风险评估、预测预警、分类管理和清理处置，规范担保行为，加强债权对象资信管理，债权资金清欠清收，严格控制新增非经营性债权，防止债权流失。三是加强投融资预算管理，切实控制举债规模，防范隐形债务，提高债务资金使用效率，落实偿债保障措施，防止违约风险和系统风险，完善企业融资担保制度，每月收集汇总企业融资担保情况，从定量分析到定性分析，及时建立国有企业的风险预判制度，及时发现风险，消除风险隐患，稳中求进。四是加强科技防控。加大科研技术开发投入，利用贵州大数据优势，积极推进机械换人，自动化减人，建立"智慧矿井""智慧矿山"。五是注重混合所有制企业改革中的产权资产处置不当风险防控。随着国有企业改革不断深入，混合所有制企业的数量和规模不断增加和扩大，客观公正地进行资产评估，是混合所有制企业中的关键问题，科学进行资产评估，建立资产评估体系，防止国有资产流失、保值增值是混合所有制企业发展的风险点，要做到防范在先，有效规避。六是防范社会不稳定风险。新冠肺炎疫情下，国有企业要实现稳经营、稳产业链、稳企业，有效控制因疫情带来的企业倒闭和大幅度降薪、裁员的局面，减少社会不稳定因素，同时，增加产业扶贫、就业扶贫、教育扶贫可持续性研究，守住不发生社会动乱的重大风险底线。七是守住生态保护攻坚战成果。建立国有企业的生态风险排查制度，维护好国有企业的良好社会形象。

四 2021年贵州国有企业社会责任建设展望

随着乡村振兴战略深入推进，随着《中共中央国务院关于深化国有企业改革的指导意见》实施不断深入，随着《中共中央国务院关于新时代推进西部大开发形成新格局的指导意见》的颁布和实施，贵州国有企业社会责任建设将呈现新气象。

（一）国有企业改革将进入全面落地阶段

2020年《政府工作报告》中提出："提升国资国企改革成效。实施国企改革三年行动。健全现代企业制度，完善国资监管体制，深化混合所有制改革。基本完成剥离办社会职能和解决历史遗留问题。国企要聚焦主责主业，健全市场化经营机制，提高核心竞争力。"现代企业制度将进一步建立和完善，监管体制将更加健全，混合所有制改革将持续进行，主责主业将更加明确，社会职能将与企业职能进一步分离，历史遗留问题将得到改善处理，从而提高国有企业的核心竞争力，推动国有企业高质量发展。

（二）国有社会责任履行将进一步持续深化

党中央审时度势，未雨绸缪，旗帜鲜明提出将"六稳"（稳就业、稳金融、稳外贸、稳外资、稳投资、稳预期）作为稳中求进的基本要求。面对突如其来的疫情，党中央在"六稳"基础上提出"六保"（保居民就业、保基本民生、保市场主体、保粮食能源安全、保产业供应链稳定、保基层运转）新任务，形成了"六稳"+"六保"的工作框架模式。"六稳"是大局，"六保"是前提。就业是"六稳"与"六保"的首要任务，就业提供的主体是企业，国有企业在"六稳""六保"工作中将发挥顶梁柱的作用，特别是重大疫情面前，国有企业的保就业社会责任将更加艰巨，国有企业的社会责任将受到更为严峻的挑战。

（三）国有企业高质量发展成效将进一步凸显

贵州将以提升国资国企改革成效为主线，继续保持战略定力，抢抓战略机遇，优化整合国有资本存量，全面清理非主营业务，推动企业聚焦主责主业，继续实施战略重组，加快企业主业辅业分离，推动企业加快转型升级，加快企业由资源趋动向创新驱动转变，深入推进"双百行动"充分发挥示范引领作用，进一步完善以管资本为主的国有资产监管体制，持续深化国有企业改革，国有企业改革成效将进一步凸显。

（四）国有企业创新发展战略将进一步深化

在高质量发展理念的指引下，随着"双千工程"的深入推进，通过传统企业的升级改造和国内外高质量企业的引进，贵州省将优化投资环境、拓展产业链、提升价值链，贵州省国有企业将出现强企增效推动转型升级、补齐链条推动集群发展、绿色联结推动高质量发展的良好发展局面。贵州在全省筛选101户龙头企业和113户高成长性企业给予重点关注和支持，分别制订了转型升级方案，共涉及项目537个，预计在2022年前可全部投产，将带动企业实现新增销售收入约2500亿元。

参考文献

资料来源：贵州省国有资产管理委员会 2019 年工作总结。

《2020 年贵州省政府工作报告》，贵州省扶贫开发办公室，http：//fpb.guizhou.gov.cn/xwzx/zwyw/202003/t20200302_52734098.html，2020 年 3 月 2 日。

王勇：《实施国企改革三年行动 提升国资国企改革成效》，人民网，http：//gz.people.com.cn/n2/2020/0526/c194827-34043029.html，2020 年 5 月 26 日。

分 报 告
Sub-reports

B.2
贵州国有企业经济责任发展报告

林 俐 刘舜青*

摘 要： 履行经济责任是国有企业的重要任务和社会职责。本文紧紧围绕贵州省国有企业的主要经济发展指标，以2010年以来尤其是2015年以来的经济发展数据为依据，分别对国有控股企业、国有企业、国资委监管企业等国有资产企业的规模、效益等相关经济指标进行分类分析和评价。分析结果表明，尽管国有企业尤其是国有控股企业和国资委监管企业总体成效不错，但国有企业在国企改革、结构调整、优化重组、提质增效等方面的任务依然很艰巨。

---

* 林俐：贵州省社会科学院副研究馆员，研究方向：农村发展、图书管理；刘舜青：贵州省社会科学院，副研究员，研究方向：农村扶贫与发展、企业社会责任。

关键词： 国有企业 经济责任 贵州

  国有企业在我国经济社会中一直发挥着非常重要的作用，因此建立健全与社会主义市场经济相适应的管理体制，落实、确保国有资产的保值增值，发挥国有经济在国民经济中的主导作用是国有企业的重要社会责任。2008年1月4日，国务院国有资产管理监督委员会发布《关于中央企业履行社会责任的指导意见》（国资发〔2008〕1号），对国有企业的社会责任提出了具体要求，其中指出国有企业的社会责任包括坚持依法经营诚实守信、不断提高持续盈利能力、切实提高产品质量和服务水平、加强资源节约和环境保护、推进自主创新和技术进步等各个方面，涉及经济社会、环境保护、科技创新、权益保护、社会公益等多个领域。之后每年各个国有企业发布的社会责任报告大体也是参考上述几个方面来阐述其社会责任。2008年10月28日，第十一届全国人民代表大会常务委员会第五次会议制定并通过了《中华人民共和国企业国有资产法》，并自2009年5月1日起施行，对维护国家基本经济制度，巩固、发展国有经济，起到指导、监督和管理的重要作用。

  贵州国有企业社会责任蓝皮书自2011年开始发布，至2020年已有10个年头。2020年是"十三五"规划的收官之年，同时也是制定"十四五"规划的关键之年，回顾、总结贵州国有企业近10年来履行社会责任的情况，对我们今后如何继续更好地发展、壮大国有经济，加强对国有资产的保护，促进国有资产的保值增值，履行社会责任具有重要意义。

  众所周知，在国有企业中，工业企业占有举足轻重的地位，因此本文主要分为两个部分，一是根据历年统计指标中规模以上工业企业比较完整的统计数据，以分析国有控股企业和国有企业的主要经济发展指标为依据，来分析评价近10年来贵州国有企业履行的经济责任情况，二是结合上述数据和分析，并结合国资委监管企业，对2019年国有企业相关经济指标进行分析，并对2020年提出一定的政策建议。

一 国有控股企业持续稳定增长

（一）单位数和总产值

1. 企业户数基本稳定

贵州底子薄，经济基础差。在国家及相关省份的支持下，经过几十年的不断努力和发展，贵州经济社会进入了一个全新的发展阶段。从工业企业来看，2018年贵州省共有规模以上工业企业5623户，较2010年的2963户增加了2660户，增长了89.8%，其中国有控股企业除了个别年份（2012年470户）外，一直保持在500户以上，每年增降幅度不大。但从其占比来看，国有控股企业户在2010～2012年经过小幅调整之后连续下降，2017年只有9.6%，跌到10%以下，2018年继续下跌到9.3%，比2010年低了8.1个百分点（见表1和图1）。

表1　2010～2018年贵州省国有控股企业数及占比情况

年份	全省规模以上企业（户）	国有控股企业（户）	比重（%）
2010	2963	516	17.4
2011	3687	576	15.6
2012	2752	470	17.1
2013	3590	502	14.0
2014	3895	509	13.1
2015	4482	525	11.7
2016	5123	554	10.8
2017	5311	512	9.6
2018	5623	521	9.3

资料来源：《贵州统计年鉴》，2011～2019年。

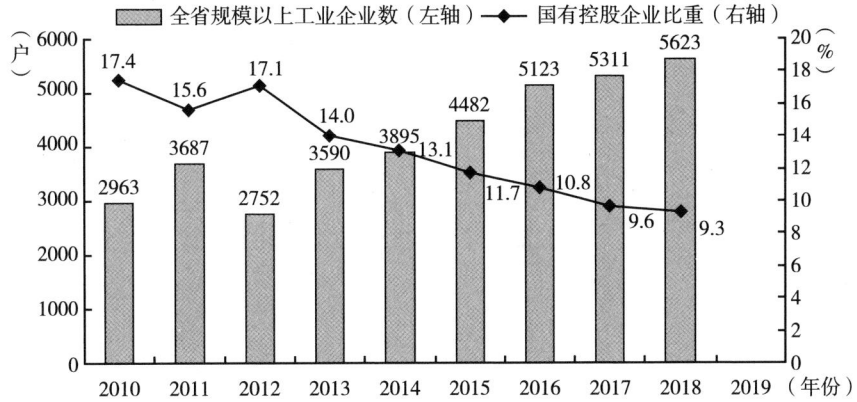

图1 2010~2018年贵州省国有控股企业数及占比情况

资料来源:《贵州统计年鉴》,2011~2019年。

2. 总产值相对下降

从总产值来看,2018年贵州省规模以上工业企业总产值达到10573亿元,其中国有控股企业达到4333.91亿元,其产值比重由2010年的57.8%下降到41.0%,减少了16.8个百分点。分阶段来看,2010~2016年是逐步下降,其中2016年降到这一时期的最低点,只有34.6%,2017年出现小幅上升,2018年继续上升到41.0%,较2017年增加了5.7个百分点(见表2和图2)。

表2 2010~2018年贵州省国有控股企业总产值及比重

项 目	2010年	2011年	2012年	2013年	2014年
规模以上工业总产值(亿元)	4206.37	5520.68	6544.02	8074.60	9507.33
国有控股企业总产值(亿元)	2429.41	2941.63	3284.31	3614.78	3966.86
国有控股企业比重(%)	57.8	53.3	50.2	44.8	41.7
项 目	2015年	2016年	2017年	2018年	
规模以上工业总产值(亿元)	10793.22	11877.28	11048.29	10573.00	
国有控股企业总产值(亿元)	4156.73	4111.19	3896.94	4333.91	
国有控股企业比重(%)	38.5	34.6	35.3	41.0	

资料来源:《贵州统计年鉴》,2011~2019年。

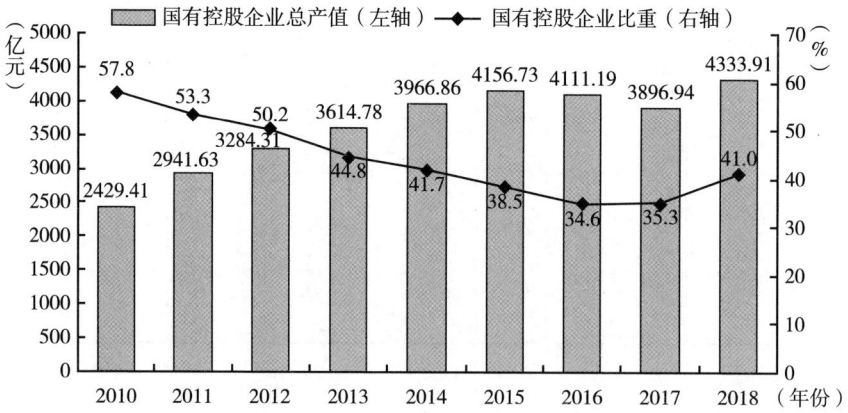

图 2　2010～2018 年贵州省国有控股企业总产值及其比重

资料来源：《贵州统计年鉴》，2011～2019 年。

（二）增加值及其他效益指标

1. 增加值先降后升

从 2015 年工业企业增加值来看，国有控股企业增长速度从 2014 年至 2016 年一直下降，并且比同期规模以上工业增加值增速低 4 个百分点左右。2017 年止住了下滑的趋势，增速达到 8.0%，不仅比 2016 年的 5.2% 增加了 2.8 个百分点，同时与全省规模以上工业增加值差距也有所缩小，仅低 1.5 个百分点。2018 年国有控股企业工业增加值继续保持较高的增长速度，达到 13.2%，比全省规模以上工业增加值增速 9.0% 还高出 4.2 个百分点，也是近年来首次高于全省平均水平。

相应地，国有控股企业增加值所占比重由 2014 年的 48.2% 上升到 2018 年的 52.6%，增加了 4.4 个百分点，比 2017 年的 42% 更是增加了 10.6 个百分点，占比大幅提升，国有控股企业在规模以上工业企业以及地区生产总值中的贡献越来越大（见表 3）。

表3　2014~2018年贵州省国有控股企业工业增加值比重及增长情况

单位：%

项　目	2014年	2015年	2016年	2017年	2018年
规模以上工业增加值	100.0	100.0	100.0	100.0	100.0
国有控股企业	48.2	45.3	42.8	42.0	52.6
规模以上工业增加值较上年增长	11.3	9.9	9.9	9.5	9.0
国有控股企业较上年增长	7.9	5.8	5.2	8.0	13.2

资料来源：《贵州统计年鉴》，2015~2019年。

2. 其他效益指标稳中有升

从总资产来看，2014年规模以上国有控股工业企业总资产达到11747.39亿元，占贵州省规模以上工业企业的62.6%，2015年以后这一比重先降后升，但变化不大，一直稳定在60%左右。

从主营业务收入来看，2014年国有控股企业占了44.3%，2015年降到只有40.5%，2016年继续下到近年来的最低点，只有35.6%，之后两年又逐渐增加，2018年其比重提升到44.8%。

从利税总额来看，国有控股企业的占比一直保持在50%以上，2018年上升较快，达到71.1%，比2017年提高了10.3个百分点，比2014年的58.1%高出13个百分点，达到近几年的最高水平。

利润总额数据显示，国有控股企业近几年也取得不俗的成绩，2014年其利润总额占比只有50.5%，2015~2017年有升有降，但增降幅度不大。不过2018年其比重却迅速提升到69.1%，不仅比2017年增加了12.6个百分点，也比2014年高出近20个百分点（见表4和图3）。

表4　2014~2018年贵州省国有控股企业经济效益指标

	项　目	2014年	2015年	2016年	2017年	2018年
总资产	全省（亿元）	11747.39	13540.06	14319.98	15228.11	15682.66
	国有控股企业（亿元）	7354.07	8062.82	8717.81	9343.83	9692
	比重（%）	62.6	59.6	60.9	61.4	61.8

续表

项　　目		2014年	2015年	2016年	2017年	2018年
主营业务收入	全省(亿元)	8655.87	9876.81	11172.44	10647.55	9673.27
	国有控股企业(亿元)	3831.49	4002.84	3976.59	4099.47	4336
	比重(%)	44.3	40.5	35.6	38.5	44.8
利税总额	全省(亿元)	1310.38	1460.84	1625.14	1756.78	1752.48
	国有控股企业(亿元)	761.39	829.95	867.36	1068.21	1246
	比重(%)	58.1	56.8	53.4	60.8	71.1
利润总额	全省(亿元)	628.68	732.76	847.02	903.43	899.08
	国有控股企业(亿元)	317.31	369.13	375.9	510.25	620.9
	比重(%)	50.5	50.4	44.4	56.5	69.1

资料来源：《贵州统计年鉴》，2015~2019年。

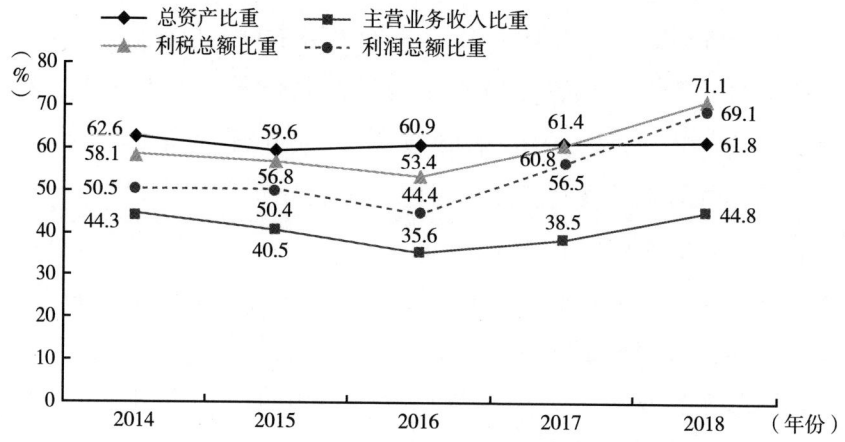

图3　2014~2018年贵州省国有控股企业经济效益指标

资料来源：《贵州统计年鉴》，2015~2019年。

二　国有企业发展缓慢

（一）单位数和总产值

1. 企业户数大幅减少

2010年贵州省规模以上工业企业2963户。按注册类型分，有内资企业2861户，其中国有企业309户，占内资企业总数的10.8%，2011年这一比重达到15.5%，但2012年降至10%以下，之后一直持续下降，到2018年规模以上国有企业只有61户，其占比只有1.1%。同时减少的内资企业还有集体企业、股份合作企业、联营企业，有限责任公司除了2013年、2014年和2015年较高外，其余年份都稳定在30%左右，而私营企业发展迅速，由2010年的1469户增加到2017年的3344户，增加了1875户，其占比由2010年的51.3%上升到64.2%。港、澳、台商投资企业发展缓慢，外商投资企业户也基本是减少的（见表5和图4）。

表5　2010~2018年贵州省内资企业单位数变化情况

企　业	2010年	2011年	2012年	2013年	2014年	2015年	2016年	2017年	2018年
内资企业(户)	2861	2253	2684	3518	3809	4393	5032	5212	5512
国有企业(户)	309	349	267	225	156	161	142	65	61
集体企业(户)	59	30	29	27	18	16	12	10	10
股份合作企业(户)	41	29	25	22	11	8	8	6	7
联营企业(户)	12	20	18	10	7	3	2	2	—
有限责任公司(户)	844	664	886	1381	1594	1602	1691	1621	—
股份有限公司(户)	113	111	111	119	131	135	140	139	—
私营企业(户)	1469	1129	1313	1700	1851	2436	3008	3344	—
其他企业(户)	14	17	35	34	41	32	29	25	—
港、澳、台商投资企业(户)	51	37	32	32	44	49	55	64	77
外商投资企业(户)	51	39	36	40	42	40	36	35	34
国有企业在内资企业中的比重(%)	10.8	15.5	9.9	6.4	4.1	3.7	2.8	1.2	1.1

注：2018年规模以上工业数据用快报代替，受快报指标及分组与年报不一致影响，故部分指标及分组数据有缺。

资料来源：《贵州统计年鉴》，2011~2019年。

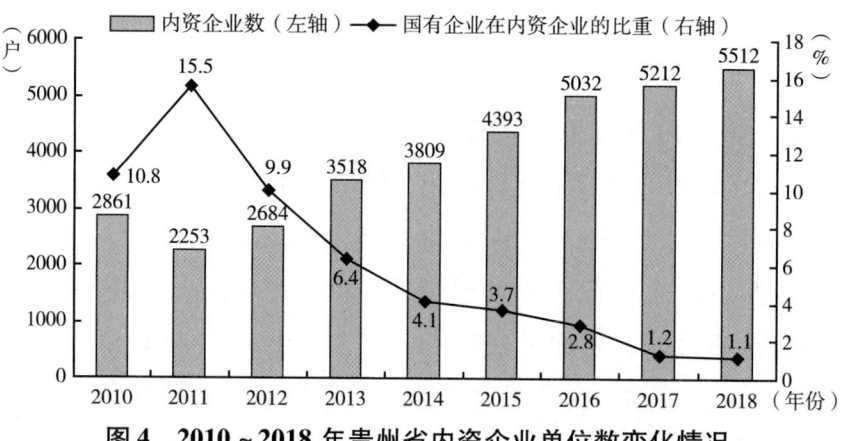

图4　2010～2018年贵州省内资企业单位数变化情况

2. 总产值持续下降

2010年贵州省规模以上工业总产值4206.37亿元，其中国有企业1212.22亿元，占28.8%。受企业数减少的影响，2011年后这一比重在调整中持续减少，尤其是2012～2016年这5年更是大幅下降，从27.7%降到7.3%，减少了20.4个百分点。2017年继续降低，只有6.7%，2018年略有回升，提高到8.2%。总体上看，2016年以来的"十三五"时期，国有企业进入了比较稳定的缓慢调整期（见表6和图5）。

表6　2010～2018年贵州省国有企业总产值及比重变化情况

项　目	2010年	2011年	2012年	2013年	2014年
规模以上工业企业(亿元)	4206.37	5520.68	6544.02	8074.60	9507.33
国有企业(亿元)	1212.22	1484.30	1812.38	1691.64	1365.87
比重(%)	28.8	26.9	27.7	21.0	14.4
项　目	2015年	2016年	2017年	2018年	
规模以上工业企业(亿元)	10793.22	11877.28	11048.29	10573.00	
国有企业(亿元)	1489.23	871.18	743.67	863.50	
比重(%)	13.8	7.3	6.7	8.2	

资料来源：《贵州统计年鉴》，2011～2015年。

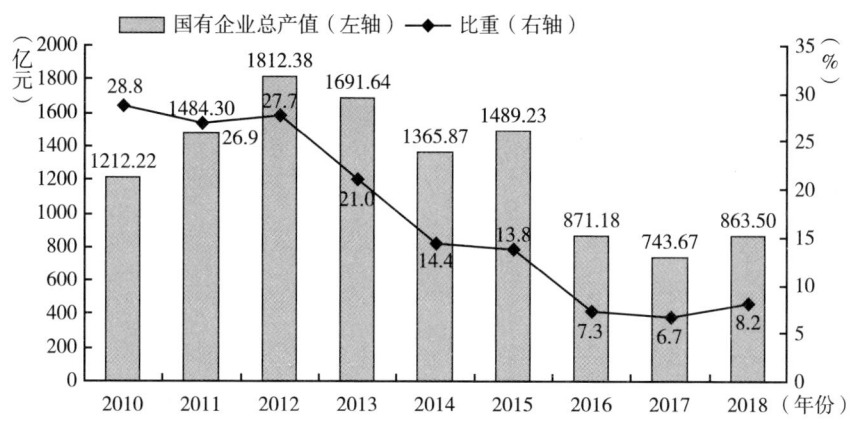

图 5 2010～2018 年贵州省国有企业总产值及比重变化情况

（三）增加值及其他经济效益指标

1. 增加值调整中趋于稳定

从增速来看，进入"十三五"时期以来，贵州省规模以上工业增加值增速一直保持在 9.0% 以上，而国有企业增加值在 2017 年以前增速一直低于 9.0%，但 2018 年其增速达到 11.2%，不仅比 2017 年的 5.4% 高出 5.8 个百分点，同时也比全省规模以上工业增加值增速 9.0% 高出 2.2 个百分点，表现出比较好的发展势头（见表 7）。

表 7 2014～2018 年贵州省国有企业增加值及比重变化情况

单位：%

项　目	2014 年	2015 年	2016 年	2017 年	2018 年
规模以上工业增加值	100	100	100	100	100
其中国有企业比重	23.7	20.6	17.9	5.1	5.2
规模以上工业增加值较上年增长	11.3	9.9	9.9	9.5	9.0
其中国有企业较上年增长	7.1	6.6	8.4	5.4	11.2

资料来源：《贵州统计年鉴》，2015～2019 年。

2. 效益指标占比大幅下降

数据显示，2016年以来贵州省国有企业的资产、主营业务收入、利税总额和利润总额无论是绝对数还是相对数，与"十二五"时期的最末两年相比，都大幅度减少，其中资产总额比重由2015年的17.2%降到7.4%，减少了9.8个百分点，其他三个指标不到3%，有的甚至不到1%（见表8和图6）。

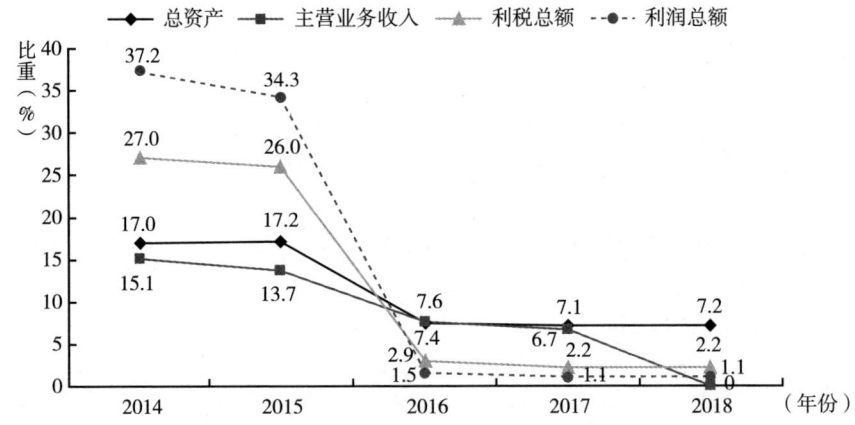

图6　2014～2018年贵州省国有企业主要效益指标

表8　2014～2018年贵州省国有企业主要效益指标

	项　目	2014年	2015年	2016年	2017年	2018年
资产合计	全省（亿元）	11747.39	13540.06	14319.98	15228.11	15682.66
	国有企业（亿元）	2001.3	2326.08	1059.55	1085.46	1132.9
	比重（%）	17.0	17.2	7.4	7.1	7.2
主营业务收入	全省（亿元）	8655.87	9876.81	11172.44	10647.55	9673.27
	国有企业（亿元）	1302.96	1357.08	849.19	710.14	
	比重（%）	15.1	13.7	7.6	6.7	0.0
利税总额	全省（亿元）	1310.38	1460.84	1625.14	1756.78	1752.48
	国有企业（亿元）	354.14	380.47	46.87	38.39	38.5
	比重（%）	27.0	26.0	2.9	2.2	2.2

续表

项　目		2014年	2015年	2016年	2017年	2018年
利润总额	全省(亿元)	628.68	732.76	847.02	903.43	899.08
	国有企业(亿元)	234.06	251.28	12.62	9.75	9.6
	比重(%)	37.2	34.3	1.5	1.1	1.1

资料来源：《贵州统计年鉴》，2015~2019年。

三　2019年国有企业提质增效显著

（一）国有控股企业

1. 规模以上工业企业发展加快

2019年贵州省地区生产总值达到16769.34亿元，较2018年增长8.3%。其中第一、二、三产业增加值分别达到2280.56亿元、6058.45亿元和8430.33亿元，同比分别增长5.7%、9.8%和7.8%，第二产业增速最高，为贵州省地区生产总值持续稳定增长做出了重要贡献。第二产业中工业又占有绝对的优势和比重，据测算，第二产业对经济增长的贡献率和拉动力分别是45.6%、3.8个百分点，其中工业的贡献率和拉动力分别是24.3%和2.8个百分点。

工业是国民经济的主导产业，对其他产业有着承上启下的作用，因此一个国家或者地区的工业发展状况决定着这个国家或者地区的经济发展规模、速度和水平。为此，贵州省在2018年制订并印发了《贵州省十大千亿级工业产业振兴行动方案》，方案中十大千亿级工业产业包括基础能源、清洁高效电力、优质烟酒、新型建材、现代化工、先进装备制造、基础材料、生态特色食品、大数据电子信息、健康医药等产业。2019年贵州省继续积极推进产业向高端迈进，促进产业转型升级和提质增效，取得了不错的成绩。据统计，2019年贵州省规模以上工业企业5273户,尽管较2018年的5623户减少了350户,但其资产总额、流动资产总额和所有者权益总额等指标则分别达到16184.18亿元、7300.63亿元和6312.73亿元,分别较2018年增长4.3%、4.4%和7.1%①。其工业增加值同比增长9.6%,比2018年的9.0%提高0.6个百分点,分别比全国和西部地区的5.7%、6.2%高出3.9、3.4个百分点。② 在上海、江苏、浙江等11个省市的长江经济带中,贵州省比2018年的9.0%提高了0.6个百分点,增速跃居长江经济带第一位。③

从效益来看,大中型企业优于小型企业。据统计,2019年贵州省有规模以上大中型工业企业487户,"规模以上大中型工业企业实现营业收入5629.57亿元,较上年增长2.8%,高于全省平均水平4.3个百分点;实现利润总额718.51亿元,增长5.4%,拉动规模以上工业企业利润总额增长5.2个百分点"④,增加值同比增长12.9%,比上年的12.7%提高了0.2个百分点,占全省规模以上工业增加值比重由2018年的61.0%提高到64.4%。

2. 国有控股企业贡献突出

规模以上工业企业中,国有控股企业经济效益表现尤其突出,2019年贵州省规模以上国有控股工业企业有549户,占全省规模以上工业企业5273户的10.4%,其工业增加值同比增长9.9%,比贵

---

① 贵州省统计局:《2019年贵州省规模以上工业经济效益情况分析》,2020年2月21日,http://stjj.guizhou.gov.cn/tjsj_35719/tjfx_35729/202002/t20200221_50518601.html。
② 贵州省统计局、国家统计局贵州调查总队编《2020领导干部手册》,第209页,2020年5月。
③ 贵州省统计局新经济处:《2019年贵州省在长江经济带中发展情况比较分析》,2020年4月1日,http://stjj.guizhou.gov.cn/tjsj_35719/tjfx_35729/202004/t20200401_55755176.html。
④ 贵州省统计局工业处:《2019年贵州省规模以上工业经济效益情况分析》,2020年2月21日,http://stjj.guizhou.gov.cn/tjsj_35719/tjfx_35729/202002/t20200221_50518601.html。

州省规模以上工业增加值增长9.6%高了0.3个百分点[①]。

从增加值构成来看，2019年国有控股企业占到56.2%，较2018年的52.6%提高了3.6个百分点，增幅较大（见表9）。

表9 2018~2019年贵州省国有控股企业工业增加值增速及构成

单位：%

项　目	1~12月增长		1~12月构成	
	2018年	2019年	2018年	2019年
工业增加值	9.0	9.6	100.0	100.0
重工业	6.0	8.6	54.9	52.8
轻工业	13.0	10.7	45.1	47.7
大中型企业	12.7	12.9	61.0	64.4
国有控股企业	13.2	9.9	52.6	56.2
私营企业	6.7	6.9	26.1	26.5
非公有控股企业	5.1	8.1	43.8	40.4
集体企业	9.6	25.7	0.1	0.2
股份制企业	9.5	9.5	87.1	88.5
外商及港澳台商投资企业	2.0	6.9	2.3	2.8

资料来源：贵州省人民政府国有资产管理监督委员会，http：//gzw.guizhou.gov.cn/zwgk/xxgkml/tjsj/。

从效益指标来看，2019年国有控股企业实现营业收入4639.96亿元，较上年增长2.1%；实现利润总额696.66亿元，较上年增长11.7%，占全省规模以上工业企业利润总额的78.6%，"拉动规模以上工业企业利润总额增长10.2个百分点"[②]，成为全省规模以上工业企业效益增长的重要力量。其他指标见表10。

---

① 《2019年贵州省规模以上工业增加值比上年增长9.6%》，贵阳网，2020年4月9日，http：//www.gywb.cn/system/2020/04/09/030437405.shtml。

② 《2019年贵州省规模以上工业经济效益情况分析》，贵州省统计局工业处，2020年2月21日，http：//stjj.guizhou.gov.cn/tjsj_35719/tjfx_35729/202002/t20200221_50518601.html。

表10 2018~2019年贵州省国有控股企业主要经济效益指标

项目	2019年		2018年	
	总额(亿元)	增长(%)	总额(亿元)	增长(%)
营业收入	9570.75	-1.5	9673.3	6.2
大中型企业	5629.57	2.8	5584.3	9.8
国有控股企业	4639.96	2.1	4336.0	10.2
利润总额	886.58	0.2	899.1	20.7
大中型企业	718.51	5.4	698.4	29.3
国有控股企业	696.66	11.7	621.0	28.8
税金总额	1030.86	5.3	853.4	17.4
大中型企业	900.99	7.7	711.3	22.2
国有控股企业	806.30	7.2	625.1	18.5

资料来源：贵州省统计局：《贵州统计月报》，2019年12月，http：//stjj.guizhou.gov.cn/tjsj_35719/sjcx_35720/tjyb_35721/202002/t20200226_51730425.html。

贵州省统计局《贵州统计月报》，2018年12月，http：//stjj.guizhou.gov.cn/tjsj_35719/sjcx_35720/tjyb_35721/201903/t20190311_25736343.html。

（二）国资委监管企业

1. 28户监管企业持续增长

2019年省国资委28户监管企业在省委、省政府和省国资委的领导下，紧紧围绕目标任务，积极激活企业内生动力，坚持提质增效。整体上看，国资委监管企业生产经营平稳，效益大幅提升，呈现较好的发展态势。2019年贵州省国资委监管企业累计实现营业收入4234.2亿元，同比增长9.4%，比2018年的同比增速9.1%提高了0.3个百分点；实现增加值1667.1亿元，较2018年增长13.6%；利润总额709.0亿元，同比增长22.7%，比2018年的同比增速30%减少7.3个百分点；净利润521.1亿元，同比增长21.6%。28户企业中有25户企业盈利，占89.3%，为社会贡献持续增大。值得一提的是，"25 户企业盈利，有 4 户企业扭亏为盈"①，监管企业的平均资产负债率由 2018 年的 65.5% 降到 2019 年的 63.7%，减少了 1.8 个百分点，百元收入负担的成本费用与 2018 年相比下降 1.4 元。

此外，国资委监管企业持续加大企业研究开发投入，投入资金同比增长 181.4%，并取得了较好的成效。2019 年"监管企业共申报专利 969 件，获得授权 575 件"②，2019 年瓮福磷矿荣获"国家技术创新示范企业"称号，由瓮福集团有限责任公司和清华大学共同研究的"湿法磷酸高值化和清洁生产的微化工技术及应用"荣获"2019 年度国家科学技术进步二等奖"等。

与全国其他省份国资委监管企业相比，贵州省监管企业的一些指标表现突出，如 2019 年国资监管企业的收入利润率达 23.3%，在省级国资监管企业中排名第 1 位，另外贵州省国资委监管企业的企业净资产收益率、成本费用率和收入利润率分别以 12.7%、29.8% 和 23.3%，位于 37 个省区市（含计划单列市）监管企业第 1 位。国资监管企业平均资产负债率 56.9%，排名第 3 位，优于全国大部分省区市。

2. 国资委重点监管企业稳中向好

从 2019 年全年来看，国资委重点监管的独资及控股企业的营业收入、利润总额、增加值和应交税费总额增速比较平稳，其中利润总额和增加值一直保持两位数增长，利润总额增速在 20%~30%，增加值增速在百分之十几到二十几浮动，应交税费的增速在 10% 左

---

① 贵州省人民政府国有资产管理监督委员会：《省国资委召开 2020 年监管企业、市州国资监管机构负责人会议》，2020 年 1 月 22 日，http：//gzw.guizhou.gov.cn/xwzx/gzdt/202001/t20200122_44509251.html。
② 王勇：《坚定信心奋力拼搏为全省决胜全面建成小康做出国资国企新贡献》，在监管企业、市州国资委监管机构负责人会议上的讲话，2020 年 1 月 20 日。

右徘徊,第四季度略有下降,营业收入增速虽然都低于10%,但总体上看还是比较平稳,且在第四季度略有提高。见表11和图7。

表11 2019年贵州省国资委重点监管企业主要经济效益指标同比增长情况(独资及控股企业)

单位:%

项目	1月	1~2月	1~3月	1~4月	1~5月	1~6月	1~7月	1~8月	1~9月	1~10月	1~11月	1~12月
营业收入增长率	6.1	7.1	9.1	6.5	5.2	8.1	6.4	6.4	5.8	7.4	9.5	8.1
利润总额增长率	19.2	30.5	32.2	26.1	17.8	24.7	24.4	24.3	21.9	23.9	27.9	19.1
增加值增长率	16.6	16.7	22.4	17.3	12.3	16.7	16.2	15.3	13.3	13.2	13.2	12.6
应交税费总额增长率	11.0	12.1	18.5	11.6	6.4	14.2	14.3	12.9	10.1	8.8	6.0	10.8

资料来源:贵州省统计局:《贵州统计月报》,2019年1~12月,http://stjj.guizhou.gov.cn/tjsj_35719/sjcx_35720/tjyb_35721/。

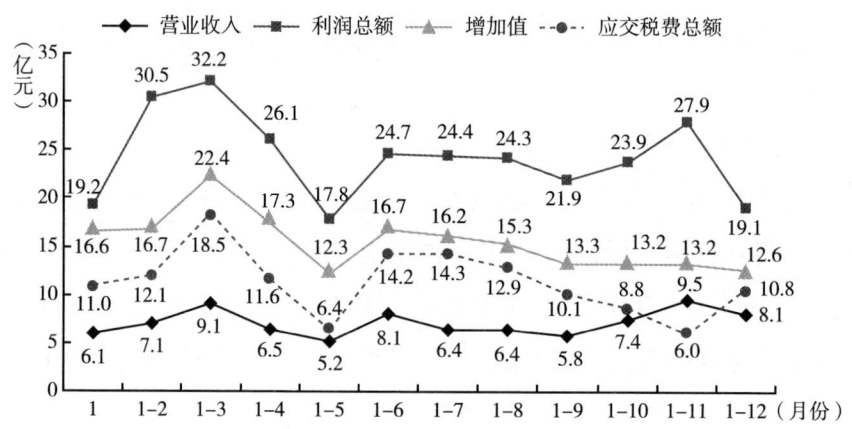

图7 国资委监管企业同比增长情况(独资及控股)

资料来源:贵州省统计局:《贵州统计月报》2019年1~12月,http://stjj.guizhou.gov.cn/tjsj_35719/sjcx_35720/tjyb_35721/。

四 结论与政策建议

国有企业在深化改革中不断发展。2010年以来，经过近10年的改革和发展，贵州省城乡面貌发生了巨大变化，经济社会发展也取得了历史性跨越和突破，这其中国有企业做出了重要贡献。近10年来国有企业坚持以市场为导向，紧紧围绕高端化、绿色化、集约化为重点进行技术改造，对企业实施战略性重组和结构优化布局，加快了国有企业转型升级和降本增效，不断增强国有企业活力。为此，结合中央关于国有企业深化改革的相关文件，根据实际情况，贵州省先后发布了一系列国有企业改革文件，如近几年的《省委办公厅省政府办公厅关于加强和改进全省国资国企监管工作的指导意见》《中共贵州省委贵州省人民政府关于进一步深化国有企业改革的实施意见》《贵州省国资委监管企业增资工作指引（试行）》《贵州省省属企业国有资本收益管理办法》《关于在国有企业战略重组中加强监管维护稳定防止国有资产流失的紧急通知》《省国资委监管企业负责人经营业绩考核办法》《省国资委监管企业负责人薪酬管理办法》等，2019年先后印发了《国资委关于印发十大监管机制的通知》《贵州省国有企业全面提升基层党建质量三年行动计划（2019～2021年）实施方案》《贵州省国有企业违规经营投资责任追究暂行办法》《贵州省国资委监管企业财务监督管理办法（试行）》等相关文件，涉及国有企业生产经济管理的各个方面，这些政策措施有力地强化了国有企业的管理体制机制，促使国有企业不断提升创新能力、市场竞争能力和资产保值增值能力。

在国内外发展环境极其复杂的情况下，上述相关政策措施取得了不错的成效。从国有工业企业的经济指标来看，国有控股企业发展稳定，其单位数一直保持在500多户，在2019年其占比甚至还有所提高，并且主要经济效益指标表现不俗，其工业总产值占比在40%以上，工业增加值占比达到50%以上，其资产合计、主营业务收入、利税总额、利润总额等各项指标增速均高于全省平均水平，其占比尤其是总资产、利润总额超过60%，利税总额甚至超过70%，企业提质增效明显；私营企业发展加快，国有企业发展缓慢，国有企业的各项指标降幅较大，特别是各项效益指标的比重大幅减少；国资委监管企业调整中则呈现稳中向好的发展态势，盈利企业单位数接近90%，主要经济发展指标保持了一个较高的增长速度，有些主要指标不仅高于全省平均水平，也优于全国平均水平。

但是我们通过分析也发现国有企业在发展中存在的困难和问题。国有企业发展缓慢，尤其是规模以上国有企业，其规模无论是单位户数还是相对数都大幅下降，有些指标甚至降到微乎其微。亏损企业面大，仅表现较好的国资委监管企业亏损企业超过10%，相当一部分效益指标浮动幅度较大，发展不稳定，企业底子薄，基础差，转型升级难度大，企业科技投入不足，创新和转化能力弱，企业盘子大负担重，仍然以传统产业为主，高新技术产业发展滞后，等等。

政策建议：一是巩固现有企业单位数，同时创造条件组建、发展新的国有企业。企业是组织生产、从事经营活动的主体，一定规模的生产单位数是经济发展的基础，是经济实力和其社会责任及贡献的基本保证。应先尽量优化、保持现有的企业规模。同时还应围绕十大产业振兴计划，积极创造条件扩展国有企业的单位数，在巩固的基础上不断发展、充实国有经济，特别是充分发挥国有企业在新基建、三新产业（新产业、新业态、新商业模式）等的引领作用。二是进一步深化国企改革，加快实施战略重组和优化产业结构。深化国企改革是国有企业的第一要务，在摸清现有国有企业基本情况的前提下，分类指导，积极探索混合所有制改革，加快国有企业的战略重组，调整经济结构，实施资源优化，不断提高国有企业的市场竞争力。三是强力推进国有企业转型升级。继续深化国有企业供给侧结构型改革，做好国有企业剥离办社会职能和解决历史遗留问题，稳妥处置"僵尸企业"，积极推动国有企业转型升级。四是聚力提质增效，坚持高质量发展。根据实际情况和发展规划，制定体制机制，加大研发投入，加快人才引进，着力提升企业增长质量，不断提高产品质量竞争力。

参考文献

《贵州统计年鉴》，2011~2019年。

贵州省统计局：《2019年贵州省规模以上工业经济效益情况分析》，2020年2月21日，http://stjj.guizhou.gov.cn/tjsj_35719/tjfx_35729/202002/t20200221_50518601.html。

贵州省统计局、国家统计局贵州调查总队编《2020年领导干部手册》，2020年。

贵州省统计局新经济处：《2019年贵州省在长江经济带中发展情况比较分析》，2020年4月1日，http://stjj.guizhou.gov.cn/tjsj_35719/tjfx_35729/202004/t20200401_55755176.html。

贵州省统计局工业处：《2019年贵州省规模以上工业经济效益情况分析》，2020年2月21日，http://stjj.guizhou.gov.cn/tjsj_35719/tjfx_35729/202002/t20200221_50518601.html。

《2019年贵州省规模以上工业增加值比上年增长9.6%》，贵阳网，2020年4月9日，http://www.gywb.cn/system/2020/04/09/030437405.shtml。

贵州省人民政府国有资产管理监督委员会：《省国资委召开2020年监管企业、市州国资监管机构负责人会议》，2020年1月22日，http://gzw.guizhou.gov.cn/xwzx/gzdt/202001/t20200122_44509251.html。

王勇：《坚定信心奋力拼搏为全省决胜全面建成小康做出国资国企新贡

献》，在监管企业、市州国资委监管机构负责人在会议上的讲话，2020年1月20日。

《2020年贵州省政府工作报告》，澎湃新闻·澎湃号·政务，2020年3月3日，https：//www.thepaper.cn/newsDetail_ forward_ 6326000。

《2019年贵州省国民经济和社会发展统计公报》，中国经济网，2020年4月10日，http：//district.ce.cn/newarea/roll/202004/10/t20200410_ 34654813.shtml。

B.3
贵州国有企业生态责任研究报告

吴月冠*

摘　要： 本研究报告聚焦近年来贵州省国有企业履行生态责任方面的做法经验和困难问题展开研究。从履行好有关主业的环保义务、建设好企业周边环境、提供好相关绿色产品及服务三个模块对其履行生态责任相关情况做了总结分析。从而得出了贵州省国有企业履行生态责任的相关成效经验，即充分发挥国企党组织在生态保护中的引领作用、国有企业在履行生态责任过程中切实发挥示范带动作用、充分发挥地域环境保护治理重要作用、稳妥积极处理环境保护历史遗留问题四个方面的经验成效。报告进一步分析认为，贵州省国有企业生态责任存在系列困难问题，提出改进贵州省国有企业生态责任有关建议，包括增加国有企业履行生态责任的差异化弹性空间、注重法律与道德方式协同推动履行生态责任、实现生态责任经济支出与信用激励良性互动、兼顾落实生态责任履行与生态损害赔偿要求四个方面的对策建议。

关键词： 国有企业　生态责任　贵州

---

* 吴月冠，贵州省社会科学院马克思主义研究所副研究员，贵州省大数据政策法律创新研究中心副主任，研究方向为马克思主义法学、民商法学、网络与信息化领域法律问题。

一 贵州省国有企业生态责任概述

（一）履行好有关主业的环保义务

贵州省国有企业不断在做强主业的全流程环节里，从节能、绿色、环保理念出发，在严格守法的同时，从自身主业活动做起，节能、降排、改进绿色工艺，履行好有关主业的环保义务。

贵州贵航汽车零部件股份有限公司，2019年继续抓好环保节能和减排等工作。以国家高耗能机电设备的淘汰目录为依据，经过比对参考，公司所属相关生产单位制订计划陆续淘汰高能耗设备，与此同时，继续加大相关清洁能源、余热利用等技术应用，从而提升节约能源效率。公司还要求所属相关企业每一年都至少要全面进行2次污水监测，确保处理好生产和生活污水，对生产环节产生的废棉纱、废油、磷化渣、盐浴渣按规程做好特殊环保处理。做好污水、烟气环保设施的维护保养，完好主要污染物排放底线，进一步强化推行清洁生产的力度。①

贵州钢绳股份有限公司，以2019年被相关部门列入贵州省的重点排污单位名录为载体，不断强化生态环保措施，履行生态责任。从贯彻国家和地方生态环保工作有关重大决策出发，公司强力推行生态环保责任制，强化抓实生态环保的监督和管理，以标本兼治和提升环保质效为目标，不断完善公司各个环节的环境保护工作。将生态环保工作列入公司主要负责人的职责，定期给生产单位驻地生态环保部门汇报反馈生态环保工作成效，就相关难题寻求指导帮助。不断完善公司生态环保实施体系，强化生态环境突发事件的相关应急预案管理，

---

① 参见《贵州贵航汽车零部件股份有限公司2019年度社会责任报告》。

切实做好环保设施运行相关档案的保存和管理工作。通过定期举办生态环保相关议题工作会议和环保培训等活动，不断强化企业全体员工，尤其是环保岗位员工的生态环保意识和能力，使得在出现影响生态环保的苗头性问题时能及时消灭和控制，严守不发生生态环保事故底线。继续做好企业生态环保设施维护和保养工作，定期进行监测评估，守好达标排放污染物底线。与此同时，加强生态环保理念宣传工作，不断扩大各单位负责人带头表率效应，突出发挥各单位员工在生态环保行动上的主体作用，提升企业生态环保工作的成效。[1]

贵州红星发展股份有限公司各生产单位，在2019年继续通过应用先进技术、强化管理等措施，更好地落实了相关生态环保要求和标准，各类形成污染物的产生排放达到生态环保新水平。公司新建的一般工业固废渣场项目得以建成，公司进一步加快烟气脱硫改扩建的推进进度，开展3万吨硫回收新建装置项目，进一步改进水处理工艺；2019年公司所属生产单位锶渣、钡渣综合利用率分别达到100%和96%；子公司大龙公司改进主路面的雨污分流设施，更换新型防腐设施；子公司红蝶公司完成渣场整治工作，并荣获绿色工厂称号。[2]

中航重机股份有限公司，近年来坚持绿色航空的发展理念，统筹规划、稳步推进有关环境管理体系的认证工作。在"一条主线、严格两防两控、完善三大体系、推进四个平台"的治理框架下，持续推进企业面向环境友好、资源节约、集约高效、内生增长转型发展。公司所属生产单位环保治理领域组织机构持续建强，责任得以强化落地。着力把项目建设"三同时"相关规定做扎实，强化项目建设中的环保审批、备案等工作，促进环保制度体系不断完备完善，所属安大公司顺利通过绿色航空工业基础级相关审核程序。[3]

---

[1] 参见《贵州钢绳股份有限公司2019年度社会责任报告》。
[2] 参见《贵州红星发展股份有限公司2019年度履行社会责任报告》。
[3] 参见《中航重机股份有限公司2019年度社会责任报告》。

（二）建设好企业周边环境

贵州省国有企业通常在履行好内部生产经营活动有关生态责任的同时，大多企业还助力改善周边生态环境，不断结合本企业、行业优势特点，加强周边山地、流域、大气等环境治理保护工作。这种履行生态环保责任的方式及事例很常见。

在赤水河流域，茅台集团很早就设立了"赤水河流域生态环境保护基金"，2019年又出资5000万元人民币，已经坚持出资十多年，出资了数亿元，持续助力赤水河生态环境的长效保护机制落地生效。

贵州黔源电力股份有限公司，2019年在北盘江坚持开展鱼类的增殖放流活动，当年共放流76万余尾。近年来，该企业通过鱼类栖息地建设、集运鱼系统建设、鱼类增殖放流站建设、人工鱼巢建设、天然河段保留和叠梁门分层取水设施建设等措施保护河流原生鱼生态资源。依托专业力量，加强与三峡大学科研机构合作，共建"三峡大学北盘江生态环境研究基地"，完成"北盘江鱼类中长期放流对象效果监测与鱼类资源保护设施运行和研究"科研项目，通过科学研究切实加强鱼类资源保护工作。科学探索有效降低水电站运行对流域生态系统带来的影响，达到水电开发与生态环境保护之间良性平衡。①

（三）提供好相关绿色产品及服务

贵州国有企业在履行好自身环保主体责任、增益驻地社区或流域生态环境保护的同时，不少企业将绿色、环保、生态意识融入自身产品和服务之中，进而以绿色产品和绿色服务与上下游企业、业务对象联动开展绿色生产经营活动。

贵州电网有限责任公司，结合贵州各地新能源资源优势，大力开

---

① 参见《贵州黔源电力股份有限公司2019年度社会责任报告》。

展新能源电网建设，2019年建成投产威宁500千伏输变电工程，在全省范围内通过对新能源富集区的风电、光伏、水电等新能源电力消纳，畅通新能源电力输送通道，进一步助推贵州新能源电力开发建设。通过健全电网运营环保风险、落实绿色电网规划标准，为绿色电网建设发展提供机制保障。通过项目建设带动和机制保障完善，为绿色贵州增添力量。①

贵阳银行股份有限公司，通过日趋完善的绿色金融架构体系建设，持续以金融政策助推市场主体绿色生产和绿色经营。在2018年即出台《贵阳银行关于加快发展绿色金融的实施方案（2018~2020年）》，通过绿色生态特色银行的功能定位和绿色金融组织架构，推出绿色金融产品，把绿色理念和标准融入相关领域、行业、产品、服务的考量要素之中。通过健全绿色金融标准体系、推行绿色评估、设立绿色项目库、强化生态环保信息披露等方式，推动金融信贷支持助推贵州绿色经济发展。经过近年来绿色金融产品、绿色服务的持续发展，目前已形成了5类28款绿色金融产品，2019年底绿色贷款余额达到179亿余元，绿色贷款占到全部贷款的9.05%。此外，该公司还在全国银行间债券市场发行完成了30亿元规模的绿色金融债券。②

二 贵州省国有企业生态责任经验成效

近年来，贵州国有企业不断强化"绿水青山就是金山银山"的发展理念，以实际行动助推深化全省大生态战略行动，牢牢守住生态和发展两条底线，投身贵州国家生态文明试验区建设进程，为国有企业履行生态责任付出了不少努力，取得了积极成效。

---

① 参见《南方电网2019年社会责任报告》《南方电网2019绿色发展年刊》。
② 参见《贵阳银行股份有限公司2019年度社会责任报告》。

（一）充分发挥国企党组织在生态保护中的引领作用

国有企业履行的生态责任是社会责任的重要组成部分，兼具经济属性和社会属性，同时蕴含丰富的政治、文化和生态价值；国企党组织通过作用发挥促进国企履行生态责任，可以从实践层面把党的建设落到实处，实现多种效果的统一。因此，在国企履行生态责任过程中，国企党组织的作用得到充分发挥。一是国企党组织积极响应中央和地方号召，将各种活动开展与生态责任履行结合起来，加以推进。在近年开展的驻村帮扶、产业帮扶等大扶贫战略行动中，国企党组织派驻的帮扶队员和开展的帮扶项目，无不注重绿色环保理念，发展生态产业、实施生态项目，通过绿色技术改善村居生活环境，从而将生态责任转化为社会生产力和可持续的生产生活方式。二是国企党组织通过推动健全国企内部的绿色生态发展领导机制，将绿色发展要求融入企业发展的全过程。国有企业的绿色发展领域组织通常都是由国企党组织负责同志任组长，可以有力地将党的绿色发展主张贯穿到企业发展全过程、当前重点任务、未来储备项目中去。三是国企党组织通过评选先进等方式激励全体员工结合自身岗位特点，开展绿色生产、绿色服务创新。不少企业陆续开展绿色示范项目创建、创新人物评选、绿色生态发展技能比武等活动，以此推动企业从点点滴滴开始落实和创新生态责任。四是国企党组织通过组织优势，联系企业驻地党组织、兄弟企业党组织、周边企业党组织等多种灵活方式，开展绿色发展协同、协助行动，从整个流域、区域、行业、社区等维度共同促进生态环境改善和绿色发展。

（二）国有企业在履行生态责任过程中切实发挥示范带动作用

贵州省国有企业在履行生态责任过程中，通常把产业发展、社区发展和生态环境改善结合起来，以更灵活的方式带动当地社区保护改善生态环境，以更大的生态责任付出带动其他市场主体履行生态责任。一是贵州国有企业通常为在某一地域、某一领域具有带动作用、实力雄厚的代表性企业，具有带头示范履行生态责任的能力、动力和社会期待。其通常为当地政府部门关注和密切联系的市场主体，很多还是当地该行业组织的会长单位，在履行生态责任等企业社会责任方面，其影响力及其助推企业发展作用是非常大的。二是贵州国有企业履行生态责任进一步促进当地经济社会发展，当地经济社会发展会进一步推进该国有企业更好发展，这有利于促进企业与地方良性互动发展。以贵州茅台集团为例，其出资设立基金保护赤水河流域，赤水河流域环境得到了保护和改善，水质、高粱等物产、气候等都得到了保护和质量的提升，这样可为茅台酒生产提供更多优质原料和良好环境，会进一步助推企业更好、更快发展。三是贵州国有企业带头履行生态责任，形成了与周边中小企业联动开展生态环保行动的良好氛围。国有企业周边通常分布着为数不少的配套中小企业，通过国有企业履行生态责任的具体活动，可以较好地吸纳这些中小企业共同参与。

（三）充分发挥地域环境保护治理重要作用

贵州国有企业一般都有悠久的成长、繁荣、发展历史，通常都伴随了当地经济社会发展的一个阶段或时期，对当地经济社会发展产生不少影响。其生态责任履行都与当地的生态环境保护发展密切相关。首先，基于历史原因、技术水平限制等现实原因，国有企业尤其是资源型国有企业的历史生产过程中，对当地环境保护治理都有不少历史欠账需要补，因此其现阶段履行生态责任是当地经济社会可持续发展的必然要求。其次，在资源型产业地区，除国有企业负有环境保护历史责任外，相关的民营企业也负有这种环境保护修复责任。然而由于民营企业存续周期不一、经营规模不大、地域流动性强，全面履行生态责任尤其是偿还历史欠账比较困难；在大部分情况下，当地国有企业生态责任履行仍是当地生态环境保护和修复的主要力量。再次，发展较好的国有企业还会通过设立环境保护基金、捐赠建设环保公益设施等方式参与当地生态环境保护和改善。最后，国有企业还比较重视生态环境宣传教育，通常会结合企业主业开展一些生态保护知识技能理念进社区、进校园、进厂区、进乡村等活动，助力当地生态环保良好氛围建设。

（四）稳妥积极处理环境保护历史遗留问题

各地尤其是资源型地区或多或少都存在生态环保历史遗留问题。不少国有企业都有着数十年的发展历史，伴随着当地数代人的成长；受限于改革开放前及改革开放初期技术、经济、意识、制度等因素的影响，产生的这些资源环境历史问题存续时间久远，原因复杂，责任主体多样，比如，小流域污染、矿渣和尾矿治理、土地复垦等问题。在这种特殊背景下，现有存续的不少国有企业都承担着生态保护和修复责任。首先，国有企业经过数十年的发展变化，有些国有企业得到发展壮大，有些国有企业搬迁到外地，有些国有企业政策性破产，有些国有企业被吸收合并，还有一些国有企业长期亏损甚至成为长期停摆的"僵尸企业"，这些国有企业中，在本地发展壮大的国有企业事实上履行了更多、更有效的生态责任。其次，与当地生态环保情况相关的中小民营企业相比，国有企业更注重社会意义，在当地解决历史遗留问题生态环保行动中通常会起到带头作用，与当地政府职能部门紧密配合，承担着更大的生态环保修复责任。最后，国有企业在数十年的发展过程中，也积累了大量的生态环境保护修复经验和技术，这些经验技术在解决生态环保历史遗留问题中发挥着积极作用。

三 贵州国有企业履行生态责任的困难问题

贵州国有企业在履行生态责任过程中积极探索有关经验，成效明显；同时，基于生态保护理论和实践的复杂性、系统性、地域性和历史性，贵州国有企业履行生态责任还存在系列困难问题。这些问题值得客观、全面、深入分析。

（一）妥善处理好企业经济效益的波动性与生态环保的持续性问题

企业作为市场主体，其经济效益必然受到自身和宏观经济环境的影响，在经营过程中呈现相应的经济效益波动；国有企业在长时期发展过程中经济效益更是呈现明显的波动。有些国有企业成立之初，由于顺应经济社会发展形势而设立通常具有明显的经济效益，但随着时间推移、时代变化和宏观经济环境的改变，经济效益变少甚至长期处于亏损状态，企业生存存续压力大。在企业经济效益好时期，企业对生态环保的投入和对驻地周边的生态环保活动的投入都会处于一个较高水平。一方面充分展现了企业的社会责任，取得良好生态效果和社会效果，得到政府主管部门、社区群众的高度认同；另一方面也客观提高了政府主管部门、社区群众对该国有企业今后更高水平、更大力度履行生态责任的预期。然而，在企业经济效益不好时期，企业对驻地周边改善生态环境的投入，甚至是对自身经营的生态环保投入都会受到压缩甚至被取消。生态环保从客观上却是一项持续性强、水平不断提高的科学过程，需要持续的甚至不断加大的长期投入。这样就形成了国有企业经济效益不好时的生态环保投入与生态环保要求之间产生差距的问题，需要深入研究加以解决。

（二）妥善处理好生态责任法律硬约束与道德软约束问题

我国环境保护法等生态领域法律法规对企业生产经营活动、经济社会发展过程中的环境问题、环保义务、法律责任已有不少规范要求，这些要求是国家强制力保障实施的，是对国有企业等市场主体日常生产经营的强制性要求，国有企业必须按照法律要求履行到位。然而，一方面，对于生态环保领域中需要环境修复、环境治理的环境污染和损害，其原因复杂、时间和空间跨度大、科学规律并未完全被人类发现和掌握，故有为数不少的环境损害无法依法确定损害主体，往往由当地政府兜底处理；另一方面，对于生态环保领域的生态环境损害预防和生态改良、生物多样性保护等更多增益性的生态发展活动，由于没有损害主体、没有明确的单个受益主体，通常都纳入公共事业、公益事业范畴之中，法律不宜在此领域对市场主体提出强制性履行生态责任要求。这样，企业履行生态责任便具有法律和道德的双重意义，一方面遵守硬约束，另一方面通过自身示范实践软约束；然而如何实现两个领域的平衡、如何充分发挥道德机制在生态保护方面的积极作用亦值得深思。

（三）妥善处理好生态责任经济支出与信用激励问题

国有企业履行生态责任亦面临着经济支出增加导致企业经济效益受影响和信用激励随着生态责任经济支出增加而增强之间的协调问题。首先，履行生态责任意味着相应的治理资源、人力投入带来的经济支出，国有企业在履行生态责任时，除了生产经营中必要的生态环保经济支出外，还常常基于社区、地域、流域环境保护的公共利益需要，开展更广范围的生态环保活动，这将客观带来并非强制性的经济支出。国有企业的这两类履行生态责任经济支出会计入企业的生产经营成本，并最终影响企业的经济效益。其次，国有企业在更广范围履行生态责任，有利于受益群体、交易对象、当地政府主管部门、公益组织等对该国有企业的积极评价，增加该国有企业的声誉，进而促进国有企业发展。例如，国有企业对驻地周边社区生态环境保护的投入，促进环境改善，周边居民会认同该企业的付出，进而给予该国有企业更多的便利和支持。由此可见，贵州国有企业如何更好地平衡履行生态责任带来的经济支出与信用激励问题，值得思考。

（四）妥善处理好生态责任履行与生态损害赔偿问题

依法履行生态责任和依法对造成的生态损害予以赔偿都是企业应当承担的责任。从广义上看，生态损害赔偿也可以为履行生态责任所涵盖；然而，狭义上的生态责任履行多指企业生产经营中预防性的生态保护投入和建设性的生态发展支出，不同于生态损害赔偿这一责任追究的强制性承担方式。一方面，国有企业履行生态责任越充分、越科学，就可以避免造成生态损害，进而避免承担生态损害赔偿责任。另一方面，更充分、更高水平、更广范围的履行生态责任并不意味着完全排除生态损害发生风险，发生生态损害事件，同样要承担生态损害赔偿责任。因此，如何将贵州国有企业更好履行生态责任与可能的生态损害赔偿更加密切地建立联系，以增强其更广范围、更高水平的履行生态责任，值得思考。

四 改进贵州省国有企业生态责任有关建议

从上述贵州国有企业生态责任的现状、经验成效及困难问题之分析，可以看出贵州国有企业履行生态责任是一个持续的历史过程，其成效经验明显确切，同时随着科技、时代和社会的进步，企业对生态环保活动参与程度的深化，贵州国有企业履行生态责任还有不少类似上述困难问题需要研究破解。可以考虑从下述方面予以探索破解。

（一）增加国有企业履行生态责任的差异化弹性空间

可以考虑增加国有企业履行生态责任的差异化弹性空间，以破解贵州国有企业经济效益的波动性与生态环保的持续性问题。首先，履行生态责任要实事求是、量力而行。国有企业对履行生态责任中的承诺、协议和给当地政府、社区、周边利害关系人的预期应当客观、符合实际,通过科学设置履行生态责任标准、前置条件等限定性机制设计,将外部对企业履行生态责任的预期控制在企业能力所及的限度内,避免经济效益下降阶段还要承担过重的生态责任、影响企业可持续发展的被动情况出现。其次,尽力营造履行生态责任的行业区域合作、共同尽责良好氛围。在经济效益很好的阶段,可以通过在生态环保领域的更多担当、更多付出来带动周边企业、上下游企业共同承担更多的生态责任,通过设立发展基金、成立相应行业区域组织等方式,促进行业合作,以共同履行生态责任。这样,虽然单个企业经济效益有波动,但整个行业区域却具有更强的稳定性,有利于克服个别企业经济效益不好时的生态责任履行压力。最后,建立对贵州国有企业履行生态责任更加优化的评价机制。对贵州国有企业履行生态责任的评价要更加客观,体现出长期持续性。避免应因企业一时经济效益良好超力度、超范围履行生态责任而给予过高评价,也要避免因企业一时经济效益降低小力度、小范围履行生态责任而给予过低评价。

(二)注重法律与道德方式协同推动履行生态责任

面对生态责任法律硬约束与道德软约束问题,要采取辩证方式予以破解。首先,促进企业履行生态责任,法律与道德方式各有所长,需要共同推进。通过法律强制性规定,可以使企业明确生态责任履行的底线,在遵守生态环保法律规定的前提下实现企业更大的自主、自由生产经营。通过道德的激励作用,可以增强企业的社会价值,扩大经济价值,助力企业精神形成,实现企业长远可持续发展。其次,在企业履行生态责任过程中,要坚持法律之所缺、道德之所补。法律并非万能,对生态环保领域的法律规定缺失或者不适宜用法律规定的地方,可以突出道德机制对生态环保活动的积极作用。在企业履行生态责任过程中，也可以充分考虑道德机制的灵活性和效果的丰富性，通过道德机制联结作用实现企业经营效益最大化。最后，在企业履行生态责任过程中，还要避免法律泛化和道德绑架。生态环保法律不宜事无巨细地对企业生态责任做出约束性规定。当法律规定过于繁杂和冗长到企业不能方便地掌握和遵守程度时，将不可避免地不被企业所遵守，故生态环保法律规定宜简明可操作。道德机制不宜对企业履行生态环保责任提出过高要求或与企业现阶段实际相差太远，宜结合国有企业特点和实际予以引导激励。

（三）实现生态责任经济支出与信用激励良性互动

破解生态责任经济支出与信用激励问题，需要从良性互动视角促进生态责任经济支出与信用激励之间的联结。首先，通过机制设计促进两者之间协同转化、增强关联。可以将经济支出对生态责任履行的力度、速度、比重、效果影响与信用激励正向关联起来，通过信用激励鼓励企业合理、优化的确定经济支出，以实现企业生态环境保护与促进的更好效果。其次，要以企业生态责任经济支出与信用激励之间的良性互动强化内生动力。通过信用激励机制设计，让生态责任履行成效在企业生产经营经济效益中得以更多转化，使企业生态责任的履行情况成为企业生产经营效益的增量项，从而进一步增强企业履行生态责任的动力，使之成为一种自觉和内生动力。最后，通过企业履行生态责任的内生动力增强经济社会共同效益。当企业履行生态责任成为一种内生动力时，将释放更大的生态环保效应。周边企业和上下游企业会不断效仿，政府部门和社会会更加认同从而增加更多的发展机会，周边居民会更加赞赏从而营造宽松的发展环境。

（四）兼顾落实生态责任履行与生态损害赔偿要求

破解生态责任履行与生态损害赔偿问题，需要国有企业兼顾落实生态责任履行与生态损害赔偿要求。首先，国有企业在发生生态损害事件、承担生态损害赔偿责任时要勇于承担、不折不扣，使生态损害尽快得以修复、恢复，避免损害扩大。其次，健全企业履行生态责任与承担生态损害赔偿评价机制。通过评价外部环境促使企业更为坚定、彻底地履行法定义务责任，更加主动地开展生态环保建设性工作；通过两者联动评价突出生态责任履行对生态环保的保持和发展功能。最后，建立监督和协调机制。针对国有企业特点，在注重法律机制督促作用发挥的同时，更加注重发挥党组织优势、行业组织优势，全方位保障企业生态责任和生态损害赔偿责任承担履行到位。

综上所述，贵州省国有企业要在改革创新、转型升级、持续发展的过程中，结合国家生态文明战略和贵州大生态战略行动，总结发扬经验，正视困难问题，不断探索国有企业履行生态责任的新方案，在守好绿水青山发展底线、奋力开创多彩贵州新未来征程中发挥建设性力量作用。

B.4 贵州国有企业履行脱贫攻坚社会责任报告

张云峰 付萍萍 *

摘　要： 在省委、省政府的领导下，贵州脱贫攻坚工作取得了巨大成功，国有企业积极参与到全省脱贫攻坚工作中。自帮扶工作开展以来，国有企业高度重视，在强化领导、抓好落实上狠下功夫，因地制宜、因企制宜采取帮扶措施，结合帮扶地实际情况，在地方经济社会发展的顶层设计、产业发展、基础设施建设、智力扶持的投入等重点帮扶任务上深化落实，助推了当地经济社会发展，为地方打赢脱贫攻坚战贡献了巨大力量。

关键词： 国有企业　脱贫攻坚　贵州

贵州省是全国贫困人口最多、贫困面最大、贫困程度最深的省份。贵州的脱贫攻坚工作成败关系着全面建成小康社会能否如期实现。贵州作为脱贫攻坚的主战场，脱贫攻坚任务繁重，困难大。虽然贵州脱贫攻坚工作面临众多困难，但是在社会主义制度的优势下，贵州省坚决贯彻落实习近平总书记关于脱贫攻坚重要论述，以脱贫攻坚

---

* 张云峰，贵州省社会科学院马克思主义研究所副研究员，研究方向：党史党建；付萍萍：贵州茅台集团党委宣传部工作人员，研究方向：党的建设。

统揽经济社会发展全局,汇聚一切力量向贫困发起总攻。扶贫济困,守望相助,定点帮扶是党中央脱贫攻坚战略部署的重要组成部分。国有企业作为国民经济的重要组成部分,在脱贫攻坚过程中帮助贫困群众战胜贫困,是履行企业社会责任的一种途径,为贵州打赢脱贫攻坚战贡献了自己的力量,实现了企业的社会价值。

一 贵州国有企业对口帮扶成效

贵州的脱贫攻坚工作得到社会各界大力支持,贵州国有企业在脱贫攻坚中发挥了巨大的力量。贵州省委、省政府召开扶贫开发重点县结对帮扶工作座谈会,部署贵州茅台酒厂(集团)有限责任公司、贵州开磷控股(集团)有限责任公司、瓮福(集团)有限责任公司、贵州盘江投资控股(集团)有限公司、贵州电网公司、贵州中烟工业公司、乌江水电开发有限责任公司、中电投贵州金元集团股份有限责任公司、中国移动贵州分公司、保利贵州公司、中国农业银行贵州省分行、贵州省农村信用联社12家国有企业结对帮扶道真县、关岭县、榕江县、赫章县、紫云县、晴隆县、沿河县、纳雍县、望谟县、册亨县、从江县、务川县12个贫困县。2017年3月,省国资委又对国有企业对口帮扶贫困县进行了调整。保利久联控股集团有限责任公司、贵州产业投资(集团)有限责任公司、贵州建工集团有限公司、贵州银行、中国工商银行贵州省分行、中国烟草总公司贵州省分公司分别结对帮扶册亨县、剑河县、雷山县、丹寨县、普安县、水城县。2017年11月20日,新增中国建设银行贵州省分行、中国人民财产保险股份有限公司贵州省分公司、国家开发银行贵州省分行分别结对帮扶威宁县、三都县、正安县。在这些国有企业的带动下,贵州更多国有企业响应省委、省政府的号召,全身心投入贵州的脱贫攻坚工作。

自帮扶工作开展以来，国有企业高度重视，在强化领导、抓好落实上狠下功夫，因地制宜、因企制宜采取帮扶措施，结合帮扶地的实际情况，在地方经济社会发展的顶层设计、产业发展、基础设施建设、智力扶持的投入等重点帮扶任务上深化落实，助推了当地经济社会发展，为地方打赢脱贫攻坚战贡献了巨大力量。

贵州作为全国脱贫攻坚的主战场，党的十八大以来，全省每年减少贫困人口100万人以上，贵州脱贫攻坚成效显著，创造了全国脱贫攻坚的省级样板。在全省脱贫攻坚战场上，贵州省国资系统的国有企业充分发挥自身优势，以磅礴的国企力量，在全省脱贫攻坚战役中大显身手。深入推动农村产业革命、帮助贫困地区发展扶贫产业、完善产销对接机制、鼓励国企员工优先采购贫困地区的产品等。近年来，贵州省国资委认真贯彻落实中央、省委关于精准扶贫、精准脱贫的重大决策部署，组织茅台集团、盘江集团、磷化集团等21户有经济实力的国有重点企业帮扶全省20个重点贫困县，帮助发展主导产业、开展园区共建、改善基础设施、强化公共服务、提升干部素质、推进人才培训、促进就业增收、推动城镇开发。坚决打好"两不愁三保障"关键战役，扎实推进结对帮扶和同步小康工作，进一步夯实了脱贫基础、巩固了脱贫成果。2015~2019年底，贵州国企直接投入扶贫资金68.72亿元，帮助发展项目1943个，带动增收72.46亿元，解决就业人口205万人次，带动辐射人口数量297万人次，帮助脱贫人数47.74万人。

贵州国有企业自对贫困县开展帮扶以来，取得了累累硕果，实现了帮扶地经济社会大发展，脱贫攻坚成效明显；国有企业通过帮扶，锻炼了队伍，对贵州经济社会发展情况更熟悉。而这些成就的取得，主要基于以下因素。

首先，从全省发展大局出发，强化社会责任担当，积极参与脱贫攻坚。国有企业坚决贯彻省委、省政府的决策部署，把帮扶工作作为一项政治任务来抓,并高度重视抓落实。自开展帮扶以来,国有企业的相关工作始终围绕脱贫攻坚工作,坚持"脱贫不脱钩",积极对接帮扶地,为帮扶地的发展出谋划策。

其次,帮扶县与国有企业紧密合作,精诚团结攻坚贫困。随着国有企业对帮扶地脱贫攻坚工作的介入,帮扶地主动与国有企业深度合作,步调一致,在基础设施、产业规划发展、内生动力等方面进行深度交流,寻找最优的方案,工作上分歧导致队里或者内讧的现象彻底消失,企业与地方政府集中力量为了一个共同目标——战胜贫困而努力。

最后,党对国有企业的政治领导的贯彻落实,是国有企业能够取得帮扶工作巨大成效的主要原因。党对国有企业的政治领导是根本的政治保障。在以习近平同志为核心的党中央坚强领导下,贵州国有企业认真贯彻落实省委各项决策部署,坚决扛起脱贫攻坚政治责任,充分发挥国有企业优势,用过硬的作风、过硬的措施,牢牢把握按时高质量打赢脱贫攻坚战的主动权、制胜权,全面完成脱贫攻坚目标,为彻底撕掉贵州千百年来绝对贫困标签,为2020年脱贫攻坚圆满收官做出国资国企更大的贡献!

二　国有企业对口帮扶措施

为了实现贫困县如期脱贫的目标,参加结对帮扶的贵州21家国有企业扎根帮扶地,根据帮扶地的实际情况,实施有效措施,经过多年的努力,促进了帮扶地经济社会大发展。

一是党建引领促脱贫,创新思路拔穷根。贵州国有企业加强党建引领,在助推脱贫攻坚和转型升级中守初心、担使命,推进企业治理体系和治理能力现代化,全力履行企业社会责任。国有企业提高政治站位,进一步扛起脱贫攻坚重大政治责任,尽锐出战、务求精准,发挥国有企业优势,助力打赢脱贫攻坚这场硬仗。贵州路桥集团结对帮扶从江县,在帮扶过程中强化党建引领,创造性地提出了"一二三四"精准扶贫工作思路。即强化"一个主题",党建助推脱贫攻坚,实现帮扶地整体脱贫,服务业全面建成小康社会这个宏大主题。"两个责任",压实领导者和落实者的责任,集团党委牵头统筹落实脱贫攻坚工作的领导责任,帮扶地基层党支部结对落实具体帮扶工作的主体责任。"三个全覆盖",凝聚强大合力,即实现国有企业党委班子成员联系支部帮扶工作全覆盖,国有企业党支部结对帮扶责任村组户全覆盖,国有企业党员参与扶贫受教育全覆盖。"四个到位",清晰帮扶工作的方法和措施,确保责任到位、措施到位、服务到位、关怀到位。贵州路桥集团严格按照脱贫出列标准,紧紧围绕"一二三四"的工作思路,扎根从江县。通过帮扶,不仅让从江县达到脱贫出列,也让国有企业的党建工作得到加强。

二是抓好产业扶贫,增强致富造血功能。在帮扶过程中,国有企业在项目、资金、管理等方面具有强大优势,充分利用这些优势,结合帮扶地的资源优势,帮助贫困地区发展一批有特色、见效快、具有"造血"功能的扶贫产业,是国有企业入手的主要途径。贵州盘江集团对口帮扶赫章县,在帮扶过程中,根据赫章县的实际情况,有效利用土地资源,贯彻省委、省政府"来一场振新农村的产业革命",调整农村产业结构,大幅度增加农村收入。在帮扶方式上,盘江集团改变过去主要"输血"的方式,把"输血"与"造血"有机结合起来,通过帮助地方发展产业,使其持续走上致富道路,这一帮扶方式得到省委、省政府和社会各界的认可。盘江集团为赫章县罗州镇统一提供精品蔬菜苗种,在全镇9个村套种辣椒3000余亩,亩产辣椒2000公斤以上,人均增收1500元。优化产业结构,走产业发展之路是贫困县走出困境的长久之策。贵州磷化集团对口帮扶榕江县,为了推动帮扶工作取得更好的成效,磷化集团根据榕江县资源禀赋,为榕江建立了百香果、罗汉果种植及生猪、鸡、鱼养殖项目，产业覆盖了榕江县2019年底未脱贫的2974户群众，通过产业的发展，给贫困群众带来新的希望和致富的道路，产业结构的优化激发了贫困群众的内生动力，在国有企业的带动下，他们收入大幅度增加，解决了长期投入大收入低的突出问题。

三是推动"黔货出山"，让贫困县的优质产品源源不断地奔向市场。长期以来，受地理环境和交通发展滞后的影响，贵州众多的优质产品一直是"处在深闺人未识"。贵州聚集了大量的优质农特产品，但是无法运输出去，外界购买了贵州优质产品，但是时间成本高而导致变质，还造成后续的纠纷。"黔货出山"让贵州更多优质资源走向市场，是增加贫困群众收入的有效方式之一。贵州物流集团是农产品流通领域的龙头企业，在助推"黔货出山"过程中，充分发挥贵州高速集团、贵州机场集团、贵州蔬菜集团等企业平台作用，打通交通的制约，畅通农特产品流通，带动更多的贫困户增收脱贫。贵州早已县县通高速，在助推"黔货出山"的道路上，贵州高速集团贡献了自己的力量。贵州高速集团充分把高速路服务区这一条件变成黔货销售的展示窗口，在省内各大服务区实体及线上"贵高速·最汇购"品牌连锁商超售卖农特产品，"黔货出山"驶上了快车道。贵州机场集团则用速度彰显帮扶力度，为"黔货出山"提质增效贡献力量。通过发挥航空运输优势，尽量缩短时间，把最新鲜的贵州农特产品尽快运输到沿海群众的餐桌。贵州机场集团在2019年空运黔货30余种，运输量3760余吨，建立扶贫农副产品展销中心，代销近30个县的400种农副产品。2019年，贵州物流集团与11家企业组建贵州蔬菜集团，将带动更多建档立卡的贫困户增收，拓展省内蔬菜销售市场，让贵州更多优质农产品走出大山，直接进入东部沿海地区群众的餐桌。新成立的贵州蔬菜集团，与广东兆安控股集团签署了价值每年5000万元的农产品贸易销售合作协议。贵州蔬菜集团整合各方资源，形成了集"生产基地、分拣加工包装、冷链运输、市场销售、大数据信息平台"等为一体的全产业链蔬菜流通体系,助推贵州生态优质蔬菜进入长三角、粤港澳大湾区、成渝经济圈以及东南亚等市场,形成长期稳定的产销关系。

四是完善产销对接机制,确保贫困群众的产品能够销售出去。产业结构调整后,需要为贫困地区新的农特产品寻找新的市场。由于产销对接不畅导致滞销,贫困户拿不到收益,严重影响脱贫攻坚的进程。对于贵州贫困县来说,面对市场博弈中销售新上市的农特产品,难度与脱贫攻坚一样大。国有企业在销售、市场品牌培育和管理等方面具有强大的优势,充分利用这些优势,完善贫困地区的产销对接机制。自帮扶工作开展以来,国有企业大力培育网络销售平台,大力采购、仓储、配送、运营贫困地区农特产品,为打开贫困地区产业结构调整后市场销售做了很多努力。盘江集团下的"贵天下"公司,在网络上广泛销售遵义红、都匀毛尖等高端茶叶。同时,"贵天下"公司采用网红销售的方式,帮助帮扶地赫章县销售黔山春茶。通过网红销售模式,带动了湄潭、都匀、赫章等地茶叶销售,4080户茶农增收610万元。贵绳集团公司对口帮扶沿河县,为了帮助沿河县思渠镇前锋村解决黑木耳滞销难题,贵绳集团驻前峰村脱贫攻坚队员主动联系贵绳集团工会收购黑木耳。贵绳集团工会采取"以购代帮"的方式,解决了该村黑木耳的销售问题。

五是组织开展帮扶成效督战督查,把帮扶工作落到实处。省国资委为强化国有企业对贫困县帮扶的力度和成效,加大对帮扶企业督战督查的力度。省国资委整合力量,组建7个督查组,对22户参与帮扶贫困县的国有企业开展督战督查,切实增强国资国企参与脱贫攻坚的责任感和使命感,突击支援重点贫困村工作,坚决打赢脱贫攻坚硬仗。贵州省国资委制订出台《2019年国有企业脱贫攻坚工作督查调研方案》。2019年6月13~17日,受省国资委委派,由茅台集团牵头,在茅台集团领导人为组长的带领下,由茅台集团驻道真县帮扶工作队、贵州乌江水电、贵州移动组成脱贫攻坚督查调研组,赴晴隆县、普安县、正安县开展交叉调研督查工作。督查调研组先后来到晴隆县、普安县、正安县进行实地调研督查,在督查过程中,通过采取查阅资料、实地查看帮扶项目、召开座谈会、听取帮扶企业、同步小康驻村第一书记及驻村干部工作情况汇报、收集在脱贫攻坚和同步小康工作中存在的困难和意见建议等方式进行调研督查。督查过程中既坚持了标准,又突出了重点,既发现了问题,又指出了特色和亮点,提出了整改意见和建议。督查督战工作为国有企业的帮扶工作有序推进和帮扶更有成效提供了监督保障。

六是抓好就业扶贫帮扶工作,为贫困群众提供更多的就业岗位。贫困人口就业增收是扶贫工作的主体和难点,贵州国有企业为进一步抓好劳务就业扶贫、大学生就业、农民工就业等重点工作,通过不断践行开发公益性岗位、职业技能培训、借助苏陕协作转移就业等措施,带动贫困劳动力就业增收,成效显著。贵州路桥集团扶贫工作队一直琢磨,如何帮助榕江县的贫困群众摆脱"穷"根子,走上致富的道路,为此寻找各种良方。在产业发展的探索、技能培训的开展等方面尝试之后,终于找到致富最近的道路就是让每一户贫困户都有人能够就业。就业是让脱贫具有可持续的内生动力。由于帮扶地群众文化水平普遍较低、技能缺乏、生活适应能力较差,国有企业不仅要帮助他们找到工作,并且要引导他们适应生存环境。贵州路桥集团得知广西北海的林场需要伐木工人的消息后,做了大量的工作,把榕江县8名群众送到广西林场。为让老乡们消除顾虑安心工作,贵州路桥集团派专门工作人员到北海,负责安排群众的住所、对接公司、记账算账。随着到广西北海伐木的群众挣到钱的消息传开,榕江县组成了伐木工作队,辗转北海、桂林、贵港、贺州等地,前前后后加入的群众近80人次,务工收入达到150万元,人均月收入超过4000元,全部实现了脱贫。贵州路桥集团在榕江县的工程项目实施过程中，要求工程施工必须用当地贫困剩余劳动力。扶贫队员不仅在工程施工过程中用当地剩余劳动力，而且教会他们相关技术，贫困群众不仅增加了收入，学到了技术，更坚定了靠自己的劳动脱贫致富的信心。

七是重视智力帮扶，阻断贫困代际传递。教育扶贫是一个地区完成脱贫攻坚实现同步小康社会的关键切入点，治贫先治愚，扶贫先扶智。教育在贫困县发展中的基础性地位，决定了教育扶贫，同时也是贫困县脱贫、防返贫的关键。2019年，由于"国酒茅台"提法停用，茅台集团将"国酒茅台·国之栋梁"希望工程圆梦行动项目更名为"中国茅台·国之栋梁"希望工程圆梦行动，继续与中国青基会携手开展"中国茅台·国之栋梁"希望工程圆梦行动大型公益助学活动，将帮扶重点向"三区三州"深度贫困地区倾斜，继续捐资1亿元人民币，资助2万名2020年参加高考，并对被全日制普通高等院校录取的农村家庭经济困难且品学兼优的大学新生，解决他们从家门到校门的交通与生活费，资助标准为一次性5000元/人。2019年7月10日，"中国茅台·国之栋梁"希望工程圆梦行动2019年脱贫攻坚公益计划新闻发布会在青海省海北州举行。截至2019年底，已累计捐赠8.14亿元，受助地区覆盖全国31个省（区、市）、新疆生产建设兵团及全国铁道系统的33个地区，受益贫困学生达16.28万名。另向中央统战部捐资500万元用于资助贵州省2019年度贫困大学新生圆梦大学。组织100名"中国茅台·国之栋梁"公益活动受助学生代表，在茅台集团开展为期4天的"茅台学子回家之旅"活动，深刻感受茅台的红色文化与匠心精神，同时，也进一步做好受助学子的后续跟踪服务工作。从2006年开始至2019年，习酒公司的"习酒·我的大学"项目坚持了13个年头——穿越白酒行业的调整周期，足迹遍布全国26个省份，累计捐资逾亿元，帮助近20000名学子实现大学梦，并已成为行业内公认的金牌公益项目。2019年习酒公司向团贵州省委青基会捐赠 750 万元,用于开展 2019 年"习酒·我的大学"逐梦奖学金和"青年成长计划——大学生暑期社会实践"活动。2019年 9 月,贵州路桥集团组织榕江县 20 名优秀学生到北京参观学习,孩子们增长了见识,回来以后学习劲头也跟以前大不一样,不少同学成绩有了明显提高。

三 国有企业帮扶贫困县脱贫攻坚的思考

贵州国有企业帮扶贫困县,助力脱贫攻坚取得很大的成效,为贫困地区脱贫做出了巨大贡献。但是从长远来看,按照"摘帽不摘责任、摘帽不摘政策、摘帽不摘帮扶、摘帽不摘监管"的原则,从面到点继续做好帮扶工作,确保贫困群众充分受益实现脱贫致富,国有企业的扶贫工作依然有需要加强的地方。例如,国有企业在贫困地区进行产业扶贫、改善基础设施、提高当地教育水平方面做了大量工作,但是贫困群众的内生动力有待提高;产业革命带来产业调整,产销对接不畅导致滞销,贫困户拿不到收益,严重影响脱贫攻坚的进程;贫困地区自然资源优势、文化资源优势和生态资源优势尚未完全发挥出来。针对这些问题,在今后乡村振兴战略实施中,需要继续发挥国有企业帮扶的优势,让帮扶地健康持续地走在致富道路上。

一是加强党对国有企业的领导。全心全意为人民谋福利是党的根本宗旨。国有企业帮扶贫困县取得的成效,充分说明,要发挥加强党组织在政治引领、经济发展、价值引导、社区服务等方面的重要作用,统筹各方面资源,真帮实助,推动形成全社会共同参与的大扶贫格局,助推贫困县实现整体脱贫。

二是继续增强帮扶地的内生动力。增强内生动力是贫困县打赢脱贫攻坚战的决定性因素。21 家国有企业通过长期帮扶取得巨大脱贫成效充分说明,增强干部群众的内生动力对一个地区的发展何等重要！在贫困县摆脱绝对贫困之后，要有效解决相对贫困问题，必须充分发挥群众的积极性、主动性和创造性，让群众在乡村振兴建设中增强信心、提高技能、树立志气。同时要继续搭建好各类培训平台、优化培训机制、健全教育体制，进一步提高群众文化素质和劳动技能，为实现群众可持续发展奠定能力基础。

三是因地制宜发挥帮扶地的资源优势。贫困县有丰富的自然资源和民族文化资源，要立足特色，充分发挥资源优势。立足生态资源优势，优化产业结构，大力发展生态农业，继续增加群众收入。立足文化资源优势，重视文化品牌打造，加快特色文化产业发展，实现文化传承与经济发展双赢。立足旅游资源优势，做好农文旅一体化发展的文章，让绿水青山给人民群众带来源源不断的金山银山。

区域篇
Regional Reports

B.5 2019年贵阳市国有企业社会责任报告

李德生*

摘　要： 2019年，贵阳市持续打好国有企业改革攻坚战，通过成立贵阳产控集团并完成AAA信用评级等措施，形成国有资本发展新格局，增强了国有企业的活力、控制力、影响力，确保了国资保值增值。贵阳市国有企业多数与市民日常生活密切相关，所以企业在正常运营时更注重民生，在提供便民惠民服务、助力脱贫攻坚等方面履行了自己的社会责任。

关键词： 国有企业　社会责任　贵阳市

---

* 李德生，贵州省社会科学院党建研究所副研究员，研究方向为中国历史、马克思主义中国化、国有企业社会责任。

一 贵阳市国有企业基本情况

贵阳市是贵州省省会，与本省其他市级行政单位对比，经济基础相对较好。2019年，贵阳市有大约500万常住人口，地区生产总值完成4039.60亿元，同比增长7.4%。其中：第一产业增加值161.34亿元，增长5.6%；第二产业增加值1496.67亿元，增长8.2%；第三产业增加值2381.59亿元，增长7.0%。城乡居民年收入分别达到38240元和17275元。

2018年，贵阳市根据《中共中央国务院关于深化国有企业改革的指导意见》，制定了《贵阳市关于进一步深化国有企业改革的实施意见》（筑党发〔2018〕6号）及《贵阳市国有企业战略性重组工作方案》，启动了市属国有企业战略性重组工作，将市国资委监管的27户国有企业重组为十大集团公司，并将由市直各部门监管的企业、经营性资产及股权分类注入十大集团公司，与贵阳银行、贵阳农商银行一起，构成了贵阳市国有企业"10+2"整体布局。贵阳市国有企业战略性重组后，培育了2家千亿级（贵阳银行、城投）、4家500亿级（贵控、交通、轨道、农商行）、4家百亿级（旅文、水务、工商投、城发）的国资集团。

2019年，贵阳市国资委按照市委、市政府上年批准的《贵阳市投资控股集团有限公司组建方案》等9家公司组建方案和2020年批准的《贵阳市卫生健康投资集团有限公司组建方案》《贵阳产业发展控股集团有限公司组建方案》，及时督促指导11家集团公司完成了组建，从而形成了贵阳国有企业集团公司加下属子公司的新格局。当年9月，贵阳市委、市政府制订了《贵阳市深化国有企业改革行动方案》，将贵阳控股集团、市城投集团、市工商投资集团、市旅文集团、贵阳水务集团5家集团公司产（股）权划入贵阳产控集团，组建了贵阳市产业发展控股集团有限公司（简称贵阳产控集团）。贵阳产控集团成为目前贵阳最大规模的国有企业，注册资本300亿元，资产总规模超过3000亿元，净资产超过1500亿元，主业涵盖了产业投资、产业金融、债务管理、土地经营、城市发展与服务、民生保障、资本运作等领域。截至2019年12月，贵阳市国资委监管的11家国有企业、115家一级子企业资产总额4230.4亿元，比上年同期增长0.2%；所有者权益1949.9亿元，比上年基本持平；累计实现利润8.1亿元，比上年同期下降13.1%，已交税金10.0亿元，比上年同期增长11.0%。①

二 贵阳市国有企业履行社会责任情况

（一）全面深化企业改革，促进国资增值保值

贵阳市在2018年企业战略性重组的基础上，2019年全力打造贵阳产控集团，并且启动了贵阳产控集团AAA信用主体评级工作，核心是打造AAA信用评级的贵阳国有资本运营公司，以贵阳产控集团为"一体"，以产业投资基金、产业担保、产业股份群为"三翼"打造贵阳市国有企业"一体三翼"的发展新格局，探索国有资本"协同闭环、循环发展"的运营模式。新组建的贵阳产控集团将对贵阳全市经济社会发展发挥引领和支撑作用。具体表现在以下几个方面：一是贵阳产控集团可利用AAA信用评级在资本市场的良好形象，拓宽融资渠道，不断提升直接融资比重，通过发行债券等方式，获得更多低成本、期限结构合理的资金，解决贵阳城市发展最关键的资金问题。二是贵阳产控集团可以为下属子企业、区（县、市）属企业提

---

① 参见贵阳市国资委2019年工作总结。

供信用支持，解决流动性风险、信用风险、经营风险，有效防范化解金融领域风险。三是贵阳产控集团作为主体，整合全市文旅、医疗、健康、教育、水务等优质项目，与其下属子公司、贵阳产业投资基金共同投资，贵阳产业担保有限公司提供信用支持，培育打造一批国有控股上市公司。2019年12月12日，贵阳产控集团成功取得AAA信用评级，为降低融资成本、优化资本结构、调整产业布局，实现国有资本合理流动和保值增值奠定了基础。

贵阳市除了将市投控集团、市城投集团、市旅文集团、贵阳水务集团、市工商投集团5家集团公司股权划转到贵阳产控集团，还将市政府及相关部门的优质资产、污水处理厂、奥体中心资产、部分土地资产、广告及停车场特许经营权等注入贵阳产控集团子公司，支持设立了贵阳产业投资基金管理有限公司，为提高国有资本运行效率打下了良好基础。与此同时，贵阳市国资委按照市场化、实体化、专业化发展的要求，在市直部门的配合下，多次组织相关市直部门及企业召开划转工作专题会，及时将市直部门下属的国有企业以及经营性资产、股权合理配置到8家集团公司（贵阳水务集团和市卫健投集团不涉及），资产合计1069.8亿元，净资产517.2亿元。

2019年11月6日，贵阳市国资委学习传达十九届四中全会暨市政府党组（扩大）会议精神，提出要大力推进市属国有经济布局优化和结构调整，发展混合所有制经济，增强市属国有企业的竞争力、创新力、控制力、影响力、抗风险能力，持续完善国资监管体制机制，大力推进国资国企治理体系和治理能力现代化。具体做法：一是继续深化国企改革。扎实做好市属国有企业战深化国有企业改革后续工作，继续做好重组公司产（股）权划转、移交等后续事宜，促进公司正常运转。整合全市资源，通过增资、注入资产股权等形式，做实资本，促进贵阳产控集团发展。开展各监管企业股权投资"压减"工作，推动各监管企业股权清理及优化工作，有效压缩管理层级。二是强化战略规划引领。按照《贵阳市国资国企2019~2023年发展战略规划》，积极抓好2020年企业的项目投资、经营管理、绩效管理等。督促企业根据战略规划，做好企业年度投资经营，积极参与"一带一路"、中高端消费、大健康、大扶贫等项目建设。继续推进技术研发革新，引导贵州轮胎、贵阳永青、贵阳新天光电等实体企业，以提升产品质量、服务质量为根本，加大企业研发、企业装备设备更新，使企业产品质量上台阶，提升市场竞争能力。三是健全监督管理机制。根据监管企业经济运行现状，及时进行调度，分析存在的问题和主要原因，帮助监管企业解决实际困难。健全国资国企财务监督制度，加强企业财务指标预警和风险预警，搞高监管效率。指导企业加强财务制度和会计基础工作规范建设，加强企业年度报表审计和审核力度，切实防范财务风险。修订完善《贵阳市国资委监管企业负责人经营业绩考核办法》，发挥考核激励的指挥棒作用，不断提高企业经营管理人员的履职尽责能力，引导企业树立正确业绩观。四是支持混合所有制改革。到2019年底，市工商投资集团下属贵阳永青仪电科技有限公司已列入国家发改委、国务院国资委第四批国有企业混合所有制改革试点工作，员工持股方案现已经报国家发改委审批。同时支持符合条件的企业参与混合所有制改革，不断优化国有资本布局结构，增强国有经济整体效率，确保国有资产保值增值。

（二）发挥招商引资作用，促进企业创新转型

2017年1月，贵阳市成立了市工业和信息化产业发展引导基金（以下简称"工信基金"），基金总规模为22亿元，采用项目直接投资和参股子基金2种投资方式，用于支持企业技术创新及研发能力提升、标准体系建设、智能化改造、企业品牌建设等。基金经过2年多的发展，在赋能贵阳市工业转型升级、搭好招商引资桥梁、培育创新创业企业等方面，发挥了重要作用。

贵州达沃斯光电有限公司是贵州首家开发、设计、制造触摸屏和显示器的国际化专业生产厂家，以生产小尺寸 LED 触摸屏为主，兼顾中、大型触摸屏生产。工信基金投资入股后，协助达沃斯调整产品结构和战略规划，逐步将研发和生产重点转移到中、大型尺寸的触摸屏，帮助达沃斯完成了产品结构转型升级，改善了主要靠小尺寸触摸屏业务维持经营的现状，使企业的技术能力、市场认可度与盈利能力有了大幅度提高，丰富和完善了贵阳市大数据产业在高端制造领域的产业链条。工信基金不仅通过投资协助达沃斯这类企业调整产品结构实现转型升级，也通过投资协助雅光电子等企业实现研发创新和技术升级。贵州雅光电子科技股份有限公司以生产汽车发电机用整流二极管及其组件为主，产品利润较低。雅光电子在获得工信基金投资支持后，积极开展技术研发与自主创新，于国内率先推出了拥有自主知识产权的 BSG 控制器，并很快得到大众汽车、吉利汽车等主机厂商的认可。预计未来几年，雅光电子将因新产品实现营收倍增，并成为贵阳市电子工业企业转型升级的代表。随着我国航发系统的研发体系逐渐成熟，以及国家对军民融合领域的政策支持，军转民、民参军领域出现了改制的机会。工信基金抓住机遇，投资了军民融合民营企业贵阳航飞零部件有限公司，航飞公司主营军民用紧固件、橡胶件及航空发动机零组件等产品，通过本次投资，激活企业的潜力，在产品创新、技术升级方面将起到积极的推动作用。

工信基金以资金为"彩礼"，从北京、上海、深圳等一线城市将多个"硬科技"创新项目总部落户贵阳，并"安家立业"。引进的贵州航天迈未科技有限公司，是中国航天科技集团民用部门与贵阳市发挥各自优势发起并引进落地的项目，工信基金投资 1100 万元，撬动社会资金投资 4900 万元。磷化工产品生产中产生的磷石膏带来的环境问题，一直困扰着贵州省磷化工企业的发展。贵州航天迈未科技有限公司拥有工艺、工程管理等多方面人才，将煤化工领域积累的技术和经验应用于磷化工领域，为贵州省在核心技术上解决磷石膏及热法工艺高能耗问题提供了丰富的经验和智力支持，对于提升贵州省的磷化工技术水平具有重要意义。工信基金还从台湾引进物联网芯片生产商——濎通科技，这不仅符合海峡两岸迫切开展更多经济合作的现实需要，也是我国实现物联网芯片的自主可控、研发生产"中国芯"的需要。工信基金投资3000万元，撬动社会资本投资1.2亿元，这笔投资还有助于带动贵阳市大数据上下游产业链发展，弥补贵阳市制造业处于产业链前端和价值链低端的不足。除了项目直接投资引进企业，也通过参股子基金方式开展招商引资，比如已经参股的海贝基金、丰厚基金等，已经通过投资引进了5家初创企业在贵阳落地。截至2019年10月，工信基金通过直接投资和参股子基金方式，累计投资项目15个，其中引进项目9个，完成投资金额2.13亿元，撬动社会资本投资9.53亿元，实现了约4.5倍的资金放大。

作为"两创示范"和"产融合作试点"城市，贵阳市非常重视利用各种金融手段促进创新创业的工作，工信基金成立以来，积极发挥直接投资的作用，支持具有技术创新能力的团队创业，实现科技成果转化。易鲸捷是一家致力于融合型分布式数据库研发的企业，团队来源于惠普公司的数据库部门，工信基金通过投资的方式，将其全球总部注册在贵阳。依托良好的政策环境，易鲸捷稳步发展，获得了"2017大数据优秀产品和应用解决方案案例""2018数博会领先科技成果十大新产品"等荣誉，成为目前国内唯一一家走出国门并在海外市场进入金融、高科技等行业巨头核心应用的数据库公司。公司产品在银行、电信等行业的应用，对于维护国家信息安全具有重要意义。芯长征团队脱胎于中国科学院微电子研究所，曾经成功研制了中国第一款6500V的IGBT芯片，填补了国内空白。工信基金及时以领投的方式，吸引社会资金跟随投资，并将该企业总部直接注册在贵阳，贵阳创投公司在政策支持、人才引进等方面给予协助，让团队专注于新型功率半导体器件的研发。2019年上半年公司产品已经实现了6000万元销售，而且正在与贵州大学合作，培养贵阳本土集成电路研发和销售人才。截至2019年8月，工信基金支持企业取得新增专利或软件著作权80余项，引进近20名高级管理人才和近50名高端技术人才。

（三）提供惠民便民服务，全面助力脱贫攻坚

随着技术进步和社会发展，电子商务获得了快速发展，正在逐渐成为我国国民经济的重要产业和新增长点。为积极拓展电子商务新业态，着力深化快递末端共配一体化解决方案，贵阳市交通集团物联公司结合国企重组转型发展实际，与中科富创（北京）科技有限公司和贵州近邻宝智能设备安装工程有限公司共同组建的贵州智慧城市运营责任有限公司（以下简称"智慧城市公司"）于2019年11月29日隆重举行揭牌仪式。智慧城市公司的成立是物联公司以大数据为基础，开启"互联网+物流"的全新末端作业模式，通过对传统信报箱业务的升级改造，建立适应电子商务时代的公共智能信报箱共同配送服务的城市体系，彻底解决了最后500米落地配混乱现象，改善城市交通"微循环"，致力于实现现代物流自动化、信息化，提升城市电商物流业的集聚力和竞争力，优化产业布局，促进物流快递业转型升级。物联公司着力打造专业化、公共化、平台化、集约化的快递末端网点，不断提升社会物流效能，推进智慧物流发展，实现智慧产业服务城市发展的目标。

2019年12月，为了保证农民工权益，贵阳市国资委开展了2020年"两节"前后清理拖欠农民工工资专项整治行动。12月4日，贵阳市国资委组织召开了"市国资委系统2020年'两节'前后开展清理拖欠农民工工资专项整治行动工作部署暨培训会"。会上宣读了《贵阳市国资委关于在2020年"两节"前后开展清理拖欠农民工工

资专项整治行动工作方案》，介绍了行动所涉及的"工作目标、开展时间、开展范围、工作内容、组织领导、工作步骤、工作要求"等相关内容，明确了专项整治行动的思路、方向，对阶段重点任务进行了非常详细的归纳梳理，进一步统一了思想，突出了重点，明确了职责。通过此次以会代训的方式集中学习保障农民工工资支付工作相关政策法规、业务技巧，坚定了相关企业人员的信心决心，认准了努力方向，为实现2020年"两节"期间农民工工资无拖欠打下了坚实基础。

旅游业是典型的惠民产业、富民产业，是深化供给侧结构性改革的重要领域之一。发展旅游业是实现"绿水青山"转变为"金山银山"的有力举措，是带动低收入困难群众共同富裕、同步小康的有效途径。贵阳市旅文集团不只追求企业的发展，更要让周边的百姓受益。2015年，贵阳市旅文集团接手贵阳市修文县六屯镇桃源河风景区开发项目，开启了创新旅游发展模式的探索。为了打造全季旅游的发展方向，旅文集团以桃源河为核心，发展漂流、水上乐园、休闲水疗、温泉酒店等亲水项目为主业，同步从观光、休闲养生、商务会议、户外拓展等业务发展方面，不断完善项目基础配套设施及丰富景区经营业态，最终将桃源河建设打造为大型旅游综合体。桃源河景区项目一启动，贵阳旅文旅游产业发展股份有限公司就开始积极探索并推进"三变"改革工作。自2017年底全面启动"三变"工作以来，在六屯镇党委、政府的大力支持及指导下，经过前期深入摸底工作，目前，贵阳旅文旅游产业发展股份有限公司已完成桃源村、大木村、尖坡村范围内游客服务中心、观光游步道、养种植场、丛林拓展及果园采摘6个项目相关资源的测绘、勘界、评估等前期工作，并与各村级合作社签订"三变"项目合作协议。除了股金分红外，景区还为周边村民提供了600多个就业岗位，同时还在探索更多的扶贫项目。下一步，旅文集团准备帮助周边村民打造一批精品民宿酒店,为前来游玩的游客提供更多的住宿选择;还计划和当地农户签约,包装当地特色农产品,打造属于景区的高端农产品伴手礼。①

作为贵州省首家上市金融企业、中西部地区第一家A股上市的城商银行,贵阳银行始终坚持城商行服务地方、服务实体的本质属性,助推地方经济社会发展。2018年,贵阳银行积极向零售银行、绿色银行、大数据特色银行转型,全力推进三大攻坚战、三大战略行动和实体经济发展,经营发展取得较好的成绩,获得了省发改委、省经信委颁发的庆祝改革开放40周年·贵州"十佳社会责任担当型企业"称号。贵阳银行秉承"服务地方经济、服务中小企业、服务城市居民"的服务宗旨,大力实施"普惠金融计划助力全省脱贫攻坚",积极为全省脱贫攻坚做出贡献。根据中国人民银行关于加强农村地区现金服务的工作要求,贵阳银行专门制订落实方案,结合建设乡村振兴特色银行战略,以服务民生和农村经济发展等普惠金融为主要目标,提升农村地区现金服务质量,推动"富美乡村"建设及农村经济发展,进一步巩固贵阳银行农村金融服务基础。一是依托"助农金融服务村村通"服务平台,增加农村地区现金供应和不宜流通人民币回笼服务。二是推进助农终端升级改造和更换工作,逐步完善助农金融服务制度,形成农村助农现金服务长效机制。三是加强农村地区现金服务基础设施建设,优化完善助农金融服务设施配置,提高农村地区现金服务能力。四是加强农村地区现金大数据管理,积极上线"货币供需大数据平台",有效配置农村地区现金供给,满足农村区域人民群众旺季现金需求。五是在农村区域支行和农村网点开辟农村现金服务绿色通道,提高农村现金服务质量。六是主动上门服

---

① 《探索"颜值"变"产值"的新模式 贵阳市旅文集团打造一站式旅游》,黔讯网,2019年5月8日,https://www.xyzc.cn/article-z16253-1.html。

务，定期开展新钞兑换、旧钞回收、机具维护等工作。七是通过举办金融夜校、发放宣传传单、发布公告等形式，大力开展农村现金服务业务宣传工作，普及金融知识。贵阳银行设立了脱贫攻坚基金65支，支持小康路、小康水、小康房、易地扶贫搬迁工程等项目160亿元，支持农村公路"组组通"项目建设，累计投放96亿元，公路里程达7.9万公里。

贵阳市农投集团在市国资委的鼓励下，积极帮助贫困村搭建产销平台，做好农批、农超、农医、农企等对接工作，深化"校农结合"，推进农产品进机关工作。协调将沙坡村山塘加固列入2020年的水利建设项目，督促六广镇解决好沙坡村村民的饮水问题，想方设法帮助村里解决打通断头路和产业发展所需资金；经常性地到帮扶贫困户家中走访，了解其生产生活现状和存在的困难，聚焦解决"两不愁三保障"突出问题，确保了2019年所帮扶贫困户全部退出贫困档案。

（四）开展廉政家访活动，切实抓好风险防控

为了落实习近平总书记提出的"各级领导干部要在全面从严治党中作表率"指示，贵阳市城投集团下属市政公司党委结合"不忘初心、牢记使命"主题教育，在2019年中秋、国庆两节期间开展了别开生面的"廉政家访"活动，班子成员利用下班及休息时间，为48名中层干部家庭送去了"廉节"问候。此次活动是市政公司党委履行管党治党责任、加强党风廉政建设、从源头上预防和治理腐败的重要举措之一。市政公司作为典型施工企业，项目点多、资金量大，而中层干部身处公司重点岗位和关键岗位，往往成了个别工程建设关联方的"围猎对象"，成为腐败易发的"高危人群"。为深入掌握干部的思想动态和生活情况，搭建单位与家庭互相了解的平台，及时发现和解决干部身上的苗头性和倾向性问题，公司党委为家访

的每户家庭都精心准备了"节日礼物":一封感谢信、一张节日廉政贺卡、一本中国好家风书籍。问候中,班子成员首先对受访干部家属长期对公司工作无私的支持表示衷心感谢,以拉家常的形式关心家属的工作、就学、健康、医疗以及家庭房产和车辆购置等家庭基本情况,了解干部平时的生活状况和家庭表现:"看什么书、交什么友、吃什么饭、做什么事",并认真听取了受访家庭对公司的意见和建议。同时,引导家属当好"廉内助",做到"看住人、守牢门、把好关、算清账",发挥亲情监督作用,构建预防"八小时以外"廉政风险的家庭防线,促使中层干部及其家属"自重""自省""自警""自励",进一步增强自我约束、遵纪守法、助廉倡廉意识,营造崇廉尚廉的良好氛围。

贵阳市国资委在抓好风险防控方面,一是加强企业融资风险防控。定期开展监管企业防范债务风险调度工作,对各监管企业融资和债务进行调度排查,共审核企业融资253.12亿元,批复179.73亿元,下达用款计划7.45亿元。同时,对本年度到期经营性债务还本付息情况研究形成报告报市政府,积极推动企业资产债务信息化监管平台建设。二是抓好重点群体风险防控。根据市中院《关于通过"执转破"贵州华能焦化制气股份有限公司系列执行案帮助国有控股企业走出困境的请示》(筑中法〔2018〕28号)的意见,依据相关法律法规,多次组织相关单位进行深入细致的研究,按照"尊重历史、立足现实;依法依规、以人为本;积极稳妥、确保稳定"的原则,针对华能焦化职工、股东、债权人等问题进行了风险研判,制订了《关于依法推动贵州华能焦化制气股份有限公司执行转破产的工作方案》报市委、市政府审议通过,提出了解决华能焦化停产后债务无法清偿、资产无法处置、股东矛盾无法解决、职工无法有效分流等矛盾问题的解决思路。三是做好企业信访维稳工作。按照省市信访维稳工作目标要求,紧紧围绕"两节两会""数博会""中华人民共

和国成立70周年"等重点时段的工作部署，积极开展信访维稳工作。严格按照《贵阳市国资委监管企业群体性突发事件应急预案》，认真做好本部门矛盾纠纷解决机制，不断指导监管的企业从源头化解矛盾，认真调处华能焦化、矿山机器厂、新建厂等困难企业职工的生活费、社保费问题，尽量避免企业职工引发大规模涉稳事件，尽量把问题化解在萌芽状态、化解在基层，避免发生进京赴省信访案件。四是落实安全生产督促职责。市国资委党委会、主任办公会多次对安全生产工作进行专题研究，先后召开了10余次全系统专题会议，对监管企业重点领域深入开展安全生产大排查大整治，督促企业深入开展建筑行业、租赁领域、人员密集场所、食品卫生等7个领域的安全大检查工作，建立健全数据台账，及时上报隐患排查和整改情况。截至2019年10月，市国资委安全生产督查组开展专项督查80次，督查企业250家，查出一般安全隐患120余条，下发整改通知15次，整改率97.3%；组织5户企业参加全市安全宣传月活动启动仪式，制作标语58余条、宣传展板47块，发放安全宣传单2450多份，对60名企业负责人进行安全生产持证上岗培训。

三 贵阳市国有企业履行社会责任的总体评价

（一）企业面临各种挑战，盈利能力相对不足

2018年，贵阳市国资委各监管企业抓住经济温和复苏、稳中向好机遇，及时调整优化经营策略，加大市场开拓力度，提升产品质量，拉动监管企业的收入、利润、产值都保持了平稳较快增长。企业快报显示：2018年1~12月，监管企业资产总额10811.15亿元，同比增加253.82亿元，增幅2.4%；净资产3017.77亿元，同比增加171.78亿元，增幅6%；实现营业收入475.33亿元，同比增加60.31

亿元，增幅14.5%；利润总额68.05亿元，同比增加12.18亿元，增幅21.8%。① 2019年，贵阳市国资委监管企业经历了重大战略性重组，新成立的集团企业需要理顺各方面关系，因而需要面对各种新的风险和挑战。截至2019年底：贵阳市国资委监管企业资产总额4230.4亿元，比2018年同期增长0.2%；所有者权益1949.9亿元，比2018年基本持平；累计实现利润8.1亿元，比2018年同期下降13.1%，已交税金10.0亿元，比2018年同期增长11.0%。不难看出，贵阳市国有企业当前的盈利能力并不是太好。

2020年以来，新冠肺炎疫情对贵阳市国资系统企业生产经营产生了较大冲击。在这种形势下，贵阳市国有企业要贯彻落实中央、省委经济工作会议和省委十二届六次全会、市委十届八次全会精神，把疫情耽误的时间抢回来，把疫情造成的损失补回来。各企业首先要做的是抓好稳增长工作，要采取强有力的措施，聚焦疫情对经济运行带来的冲击和影响，全力以赴做好"六稳"工作。要用足金融、财税等相关政策，稳企稳岗，加大项目投资力度，积极开拓市场，努力扩大增量。在这种背景下，企业履行社会责任的能力也不可避免地受到较大影响。

（二）国企事关市民生活，做好服务即是履责

贵阳市的经济基础在全省相对较好，因此助力脱贫攻坚并不是市属国有企业的主要社会责任。但是，贵阳市不少国有企业提供的产品和服务直接关系全体市民的日常生活，因此，做好企业的本职工作，不断满足市民日益增长的生活需要，特别是在重要活动或重大节庆期间提供充足优质的服务，就是多数市属国有企业履行社会的主要方式之一。

---

① 参见贵阳市国资委2018年工作总结。

为了认真做好春节及"两会"期间冬季施工安全生产工作，2019年春节期间，贵阳市交通集团通源公司两次到贵阳市公共卫生救治中心和贵阳北部农产品电商物流园进行安全生产大检查。检查组深入施工现场，对现场高空作业、塔吊、临边防护、安全帽佩戴、冬季防凝冻、生活用电等进行全面检查。检查组强调要严格落实监督责任，总包单位要加强对各分包单位的安全生产监督管理，认真组织开展安全生产大排查自查自纠和完善各项防控措施工作，对检查中发现的安全隐患，立行整改。各参建单位做好春节值班值守工作，并加大信息报送，确保安全生产落实到位。

按照市委、市政府召开的2019年中国国际大数据产业博览会动员会、数博会酒店后勤保障工作协调会相关会议精神，贵阳水务集团制订了《数博会保水任务分解表》，并召开集团党委（扩大）会议对数博会供水保障工作进行全面安排部署。强调集团各级领导和供水保障单位要高度重视数博会期间的供水保障工作，按照各自分工，层层压实责任，件件抓好落实，切实增强供水保障能力，组织专业队伍深入后勤保障一线检查供水保障情况。

2019年5月26日至29日，中国国际大数据产业博览会在贵阳举办，贵阳地铁1号线迎来了全线开通后的首个数博会，贵阳轨道集团公司高度重视，提前安排部署。集团下属运营分公司提前制订了数博会期间运输组织方案和数博会期间安全生产、信访维稳等各方面工作详细预案，全力保障1号线运营安全、平稳。数博会前，票务部门增配各类乘车票卡1万余张，国际生态会议中心站站厅客控区域摆好疏导客流的铁马回形阵，现场安排客流关键点卡控人员，做好大客流应急准备。为迎接此次国际性会议，运营分公司安排了外语熟练的工作人员在场引导，对车站员工、青年志愿者开展了专项服务礼仪培训，提升服务质量和服务水准。数博会期间，1号线国际生态会议中心站日均客运量达到4.73万人次，较日常增长52.8%。数博会第三天，国际生态会议中心站单日客运量达到 5.1 万人次，创下了 1 号线单站客流最高纪录。运营分公司坚持"安全精准、温情服务"的理念，全力做好乘客服务。数博会期间，国际生态会议中心站进出站乘客共计 18.93 万人次，乘客事务处理表扬 5 件，遗失物品 28 件，乘客事务回复率为 100%。据统计，数博会期间，1 号线开行载客列车 1167 列次，加开载客 127 列次，运行图兑现率 100%，列车正点率 100%，累计客运量 64.15 万乘次，日均客运量 16.29 万乘次，单日最大客流 16.39 万乘次。在这种复杂条件下，1 号线依然保持了运营安全平稳，整体秩序良好，很好地履行了自己的社会责任。

B.6
2019年遵义市国有企业社会责任发展报告

杨红英*

摘　要： 遵义市紧紧围绕市委、市政府"一地一市"战略目标，聚焦聚力国有企业高质量发展，提高国有企业核心竞争力，坚定不移坚持党对国有企业的领导，进一步促进监管企业产业结构不断优化，质量效益稳步提高，债务风险可控。

关键词： 国有企业　社会责任　遵义市

面对经济下行压力持续加大和疫情的双重压力，遵义市国有企业攻坚克难，化危为机，遵循稳中求进的工作总基调，践行新发展理念，坚守发展和生态两条底线，按照"六稳"要求，奋力拼搏、克难前行，统筹推进稳增长、促改革、调结构、惠民生、防风险、保稳定。国有企业逆行而上，深化改革、清理历史遗留问题、抓好风险防控、安全生产强内力，切实履行社会责任，市属国有企业在全市经济社会发展转型过程中起到引领、支撑和带动作用，全市经济社会发展总体平稳，稳中有进，社会责任履行担当持续向好。

---

* 杨红英，贵州省社会科学院社会研究所副研究员，研究方向：社会保障、国有企业社会责任。

一 工业经济领跑全省，筑牢社会责任履行经济基础

遵义市是典型的二、三、一产业结构。第一产业占GDP的12.4%，第二产业占GDP的45.7%，第三产业占GDP的41.9%。工业经济稳中向好，聚焦高质量发展。2019年，全市全年预计完成地区生产总值3483.32亿元，增长9.7%，排全省第二位，[①] 增速高于全国3.6个百分点，高于全省1.4个百分点。工业经济持续领跑全省，规模以上工业利润增加16%，工业固废综合利用率62%，淘汰煤炭落后产能160万吨；遵义市领导分别挂帮白酒、材料、医药、农产品加工等七大主导产业，实现增加值1102亿元。55户企业列入"千企改造"省级双百强重点名单，申报省级企业技术重心15个；加强企业技改，国家电投贵州绥阳公司、遵义卷烟厂、贵州钢绳厂、遵钛集团技改取得实质性进展；推进工业绿色发展，鸭溪茅台循环经济园基本建成，年处理酒糟20万吨；重大项目加快建设，计划完成重大工程项目881个，年度计划完成投资2023亿元，开工24个项目，完成130个项目。[②] 2019年，遵义市年末规模以上工业企业919户，比2018年末减少168户。全年规模以上工业增加值比2018年增长12.5%。其中，国有控股企业增加值占规模以上工业增加值的比重为68.1%。规模以上工业中，煤炭开采和洗选业，电力、热力生产和供应业，烟草制品业，酒、饮料和精制茶制造业四大传统行业占规模以上工业增加值的比重为83.0%。其中，酒的制造业增加值占比为71.9%，卷烟制造业

[①] 黄伟：《遵义市2020年政府工作报告》，中国经济网，http://district.ce.cn/newarea/roll/202002/26/t20200226_34350576.shtml，2020年2月26日。
[②] 《2019年遵义市政府工作报告》，黄伟在遵义市第五届人民代表大会第四次会议上的报告，多彩贵州网，http://zy.gog.cn/system/2020/01/06/017478763.shtml，2020年1月6日。

增加值占比为4.2%，电力、热力生产和供应业增加值占比为4.1%。新兴产业中，计算机、通信和其他电子设备制造业，汽车制造业，医药制造业增加值占规模以上工业增加值的比重分别为1.0%、0.2%和0.2%。高技术产业增加值占规模以上工业增加值的比重为2.2%。① 2020年1~7月，全市规模以上工业增加值同比增长4.5%，增速较1~6月上涨0.2个百分点，比全国、全省高5.8个、3.1个百分点。分3大门类看，1~7月：采矿业同比下降7.9%，降幅较1~6月收窄3.8个百分点；制造业同比增长5.0%；电力、热力、燃气及水生产和供应业同比下降2.3%。工业增长面大幅提升企业生产持续恢复。利润总额持续改善，企业效益逐步向好。白酒行业持续发力，农副食品加工业快速恢复，大型企业有力支撑，百强企业运行稳健。②

由2019年统计数据可见，遵义市经济发展趋稳向好，经济总量增加值在全省处于领先地位。遵义市国有企业增加值占规模以上工业增加值的比重较大，国有企业对遵义市国民经济贡献较大，传统行业拉动有力，为遵义市国民经济发展的主要支柱与动力，新兴产业与高技术产业占规模以上工业增加值的比重不高。其中，茅台集团、卷烟厂完成工业增加值占规模以上工业增加值的比重达67.5%，拉动全市工业增长7.5个百分点。其他行业对全市的贡献率只有14.8%，拉动规模以上工业增长1.9个百分点。③ 茅台集团成为贵州省打造"十个千亿级企业"第一个突破千亿元的国有企业。国有企业经济在遵义市经济社会发展中起到中坚力量，为社会责任履行奠定了坚实的经济基础。

---

① 《2019遵义市国民经济和社会发展统计公报》，遵义市人民政府，http：//www.zunyi.gov.cn/zfsj/tjxx/tjgb/202004/t20200421_61577724.html，2020年4月21。
② 《政府数据分析》，遵义市统计局，http：//tjj.zunyi.gov.cn/zfxxgk/fdzdgknr/tjxx_5711466/sjfx_5711468/202008/t20200806_62191166.html，2020年8月6日。
③ 《GDP百强城市中，遵义为何增速最快》，新浪财经，http：//finance.sina.com.cn/roll/2019-08-14/doc-ihytcern0866703.shtml，2019年8月14日。

二 深化国有企业重组改革，奠定高质量发展基础

国企改革是一个长期、艰难的探索过程，改革开放以来，国企改革的步伐从未停止过。十八届三中全会以来，党中央和国务院相继出台《中共中央国务院关于深化国有企业改革的指导意见》《国务院关于国有企业发展混合所有制经济的意见》《国务院关于改革和完善国有资产管理体制的若干意见》《关于国有企业功能界定与分类的指导意见》《企业国有资产交易监督管理办法》《关于国有控股混合所有制企业开展员工持股试点的意见》《国务院办公厅关于进一步完善国有企业法人治理结构的指导意见》《关于推进国有资本投资、运营公司改革试点的实施意见》《改革国有资本授权经营体制方案》《关于印发〈国企改革"双百行动"工作方案〉的通知》《关于支持鼓励"双百企业"进一步加大改革创新力度有关事项的通知》等一系列政策和文件。特别是《中共中央国务院关于深化国有企业改革的指导意见》（以下简称《意见》）成为新时代指导和推进中国国企改革的纲领性文件。《意见》明确指出："到2020年，形成更加符合我国基本经济制度和社会主义市场经济发展要求的国有资产管理体制、现代企业制度、市场化经营机制，国有资本布局结构更趋合理，造就一大批德才兼备、善于经营、充满活力的优秀企业家，培育一大批具有创新能力和国际竞争力的国有骨干企业，国有经济活力、控制力、影响力、抗风险能力明显增强。"要达到这一目标，首先要厘清遵义市国有企业存在的突出问题，找准遵义市国有企业存在的主要矛盾。遵义市国有企业体现出国有企业职能类同、交叉，主业不清，企业管理混乱，机构不健全，人员使用不当，企业办社会职能和历史遗留问题严重，企业党组织责任不落实、作用被弱化。2017年起，遵义市坚持

以"有利于市委、市政府重大战略部署实现,有利于基础设施建设和公共事业发展,有利于优势互补、资源共享,有利于化解政府和企业债务"为整合要求,围绕"打造大航母、搭建大框架、整合大资源、防范大风险、支撑大发展"的目标定位,以"产业相近、主业相同、全产业链协同发展"的整合思路,按照"一母N子"的模式,将遵义投资(集团)有限责任公司、遵义机场有限责任公司、遵义市道路桥梁工程有限责任公司等功能类、公共服务类、竞争类26家市属国有企业重组为遵义道桥建设集团、遵义城建投资集团、遵义交旅投资集团、遵义金融控股集团,下设24家一级子公司。具体是:遵义道桥建设集团下设新区建设和湘投公司;遵义城建投资集团下设物资集团、水投集团、地产集团、红城环卫、住投公司、遵投置业;遵义交旅投资集团下设遵义机场、遵运集团、文旅集团、茶业集团、公交公司、遵铁物流、产投公司、铁投集团、红旅集团、交投集团等24家公司。重组后,遵义市发挥国有资本、资源整合价值优势,加强投资引领,推动资金、人才、技术、管理等要素资源向优势企业集中,优化资产结构,强化资本运作。改革重组后的遵义市国有企业主业清晰,资本运营指向明确,竞争力明显增强。

三 化解历史遗留问题,提升国企发展效率

遵义市国有企业改革本着有利于国有资本保值增值、有利于提高国有经济竞争力、有利于放大国有资本功能要求的精神,进行了不断摸索、实践,取得显著成效。同时,也遗留了部分难以消化和解决的问题,比如,国有企业职工的待遇、住房、医疗等方面的问题在当时背景条件下难以圆满解决。国有企业在促进遵义市经济社会发展、保障民生方面做出了积极贡献,由于企业重组之前遗留的历史问题较多,体制、机制不活,经营理念与经营方式滞后于时代发展,员工积极性

不高,用人制度建设不够灵活,企业负担过于沉重,压力过大,社会化职能倾向严重,形成了"小马拉大车"的局面。为此,遵义市进行广泛调研、深入研究,形成了《遵义市市属国有企业优化重组及转型发展总体方案》,出台了《市管国有企业历史遗留问题专项整治总体方案》(遵府办函〔2018〕161号),成立了市管国有企业历史遗留问题专项整治工作领导小组,以"清理、整顿、化解、规范"为总方针,坚持"台账管理、分级负责、先易后难、化解销号"的原则,坚持问题导向,全面梳理问题。认真分析问题症结,制定解决措施,妥善解决企业历史遗留问题,2019年,重组后的四大集团解决历史遗留问题79项,加快遵义市国有企业转型升级步伐,推动国有企业轻装上阵。

四 注重国有企业风险防控,筑牢国企发展风险屏障

习近平同志在十九大报告中提出:要坚决打好防范化解重大风险、精准脱贫、污染防治的攻坚战,使全面建成小康社会得到人民认可、经得起历史检验。2019年,习近平总书记在省部级主要领导干部坚持底线思维着力防范化解重大风险专题研讨班开班式上发表重要讲话强调:"当前我国经济形势总体是好的,但经济发展面临的国际环境和国内条件都在发生深刻而复杂的变化,推进供给侧结构性改革过程中不可避免会遇到一些困难和挑战,经济运行稳中有变、变中有忧,我们既要保持战略定力,推动我国经济发展沿着正确方向前进;又要增强忧患意识,未雨绸缪,精准研判、妥善应对经济领域可能出现的重大风险。"[①] 根据以管资本为主加强国有资产监管要求和国资监管工作实际,遵义市出台了《遵义市市属国有企业重大事

---

① 习近平:《提高防控能力着力防范化解重大风险 保持经济持续健康发展社会大局稳定》,新华网,http://www.xinhuanet.com/politics/leaders/2019-01/21/c_1124021712.htm,2019年01月21日。

项报告管理暂行规定》《遵义市市属国有企业融资管理暂行办法》《遵义市市级重大建设项目投融资管理暂行办法》，规范市属国有企业融资行为，防范融资风险和债务风险。就国有企业中关于企业章程制定和修改，企业发展战略规划和实施计划编制及调整，进行重大投资，企业上市、发行债券，大额担保，企业重组（含合并、分立）、企业改制、企业解散、企业申请破产，国有资产转让，国有股权变动，企业主营业务确定和变更，增加或减少注册资本，处置重大财产，企业年度财务预算方案、决算方案、利润分配方案和弥补亏损方案的制订，董事会工作报告，对外大额捐赠、赞助等，以及根据有关法律法规、规范性文件及企业章程规定应当报省国资委审批（决定）、核准或备案等事项做出具体规定。重组后，四家集团公司资产负债率均控制在60%以内。由此可见，重组后的四大集团更需要做好风险防范，扎紧制度笼子，规范市属国有企业融资行为，防范融资风险与债务风险。遵义市国有企业细化工作任务、层层压实责任，把责任分解到单位、具体到项目、落实到岗位、量化到个人，着力构建一级抓一级、层层抓落实的工作格局。同时，建立所出资企业一次性投资金额核准制度，审批国有企业重大投资、融资事项，防止企业盲目投资和举债过度。

五 注重国有企业安全生产，筑牢国企健康发展基础

安全生产责任制是企业岗位责任制的一个组成部分，是企业中最基本的一项安全制度，也是企业安全生产、劳动保护管理制度的核心。遵义市国有企业党委书记、董事长、总经理、实际控制人等主要负责人系列坚守安全发展理念，弘扬生命至上、安全第一的思想，切实落实好"十一个"措施，主持安全生产专题会议、制订复产复工

方案、召开一次全体员工、组织一次全员安全教育培训、落实一套应急处置方案、研究一次关键岗位员工返岗或合规顶岗措施、开展一次全厂性安全检查和隐患整改、制订一份重大风险管控方案、深入一次生产车间或班组检查全员安全生产责任落实情况，开展一次保障线上平台正常运行检查等。① 遵义市安委会牵头成立9个综合督查组，采取明察暗访、随机抽查的方式，深入企业开展全面督查，严防安全隐患引发生产安全事故。职能部门发挥作用，建立安管人员考试的常态机制，组织遵义市建筑施工企业"安管人员"安全生产知识新取证考试。道桥集团实行例会制，实现精细化管理，堵塞安全生产漏洞，加强员工安全意识培训；遵义市交旅集团结合自身"点多、面广、线长"的实际，建立安全生产考核制度，逐步建立生产安全责任体系，并建立常态化的安全生产培训制度；遵义市城建投资集团建立安全生产排查制度；四大重组集团注重建立健全安全生产规章制度、安全生产投入、标准化建设推进、管理人员配备、企业班组建设、从业人员安全教育培训、防护用品配备和使用、应急救援能力建设、作业场所现场安全管理、安全隐患排查、安全整改落实情况等，把安全生产、保护劳动者的生命安全和职业健康作为企业生存和发展的根本，最大限度地做到责任到位、培训到位、管理到位、技术到位、投入到位。

六 勇担脱贫攻坚重任，彰显国企社会责任先锋作用

党的十九大明确把精准脱贫作为决胜全面建成小康社会必须打好的三大攻坚战之一，对此做出了新的部署。2019年是《中共中央国务院关于打赢脱贫攻坚战三年行动的指导意见》实施最为关键的

---

① 《遵义发布安全生产提示：企业负责人要落实好"十一个"硬借施》，天眼新闻，https：//baijiahao.baidu.com/s？id=1658579877018217065&wfr=spider&for=pc，2020年2月15日。

一年。到2020年，巩固脱贫成果，通过发展生产脱贫一批，易地搬迁脱贫一批，生态补偿脱贫一批，发展教育脱贫一批，社会保障兜底一批，因地制宜综合施策，确保现行标准下农村贫困人口实现脱贫，消除绝对贫困，打赢脱贫攻坚战，实现中国全面建成小康社会的目标。遵义市国有企业将脱贫攻坚作为政治任务和第一民生工程，坚持问题导向，成立以党委主要领导为组长的脱贫攻坚领导小组，签订脱贫攻坚责任状，制订切实脱贫攻坚方案，建立以"产业为动力、基础设施为补充、阵地建设为保障、教育扶贫为根本"的脱贫攻坚方案。遵义道桥集团开展一场走访、举行一次捐赠、解决一批难题推进脱贫攻坚，道桥集团党委积极筹措资金助力遵义市唯一没有脱贫摘帽的正安县补齐基础设施建设和产业发展短板，涉及19个乡镇，覆盖人口27745人。遵义金融控股集团以产业发展、项目建设、村级阵地组织建设与扶弱访贫、群众需求为导向，补齐基础设施，累计投入1175.86万元，惠及3554户，22443名村民；遵辣集团"四访四促"，访银行促融资、访县区促交流、访企业促合作、访基地促保障。遵义交旅投资集团下属遵铁物流开发的中央厨房，采取集团化采购、标准化操作、集约化生产、工厂化配送、专业化运营、科学化管理，致力成为全国一流全产业链食品供应企业。遵投集团对于帮扶的习水县兴隆村、蔺江村，从道路交通、产业发展、农村人居环境改造、村级办公阵地建设等开展脱贫帮扶，两村除了有大树茶产业和养蜂产业外，还创造性开展"稻田+"项目，进行管护技术培训，拓宽集体经济收入来源。

七 守好发展与生态底线，坚守高质量新发展理念

贵州是长江和珠江上游重要的生态安全屏障，是首批国家生态文

明试验区之一。习近平总书记叮嘱要守好发展和生态两条底线。2019年贵州地区生产总值增长8.3%,增速连续9年位居全国前列①,赶超进位实现新突破。生态环境不断改善,初步探索出了以生态优先、绿色发展为导向的高质量发展新路子。2020年遵义市生态环境系统将坚持党建引领,以作风建设提升为重要保障,以生态环境保护问题整改和大排查工作为突破口,以建立健全实施"161141"系列工作方案为主抓手,进一步优化机制,细化措施,坚决扛起生态文明建设和环境治理的政治责任,坚决守好发展和生态两条底线,着力聚焦污染防治"蓝天保卫、碧水保卫、净土保卫、固废治理、乡村环境整治""五场战役",推动遵义市生态环境质量不断提升,生态文明建设取得新进展。②

2018年3月6日遵义市五届人大常委会第八次会议通过《遵义市国家生态文明建设示范市创建规划（2017~2025年）》（以下简称《规划》）。以《规划》为引领,以问题为导向,发布2020年排污单位名录,公布遵义市污染地块名录,以中央环保督察反馈问题和长江经济带17个问题的整改为抓手,全面查找问题,找准短板、精准补漏,制定"一案一档"进行整改;注重省委第四生态督察组反馈遵义市群众意见;建立遵义市第二次全国污染源普查表现突出的个人与集体表彰制度。茅台集团与仁怀市协同成立专门工作领导小组开展茅台酒生态环境保护立法相关工作。遵义市对区域内国有企业建立季度随机检查台账,及时发现、及时提醒、及时整改;建立系统化管理机制,实行排污许可制度,规定国有企业在时限内持证排污,禁止无证排污或不按证排污。2020年9月遵义市基本完成所有行业排污许可

---

① 贵州省扶贫开发办公室：《2020年贵州省政府工作报告》，2020年3月2日，http://fpd.guizhou.gov.cu/xwzx/zwyw/202003/t20200302-52734098.html。
② 贵州省生态环境厅：《守好两条底线 打赢五场战役 遵义市深入推进污染防治攻坚行动》，2020年4月28日。

证核发和排污信息登记工作,做到"核发一个行业、清理一个行业、规范一个行业、达标一个行业",实现固定污染源排污许可全覆盖。

国有企业社会责任没有结束时,只有进行时。保居民就业、保基本民生、保市场主体、保粮食能源安全、保产业链供应链稳定、保基层运转任务;稳就业、稳金融、稳外贸、稳外资、稳投资、稳预期工作。"六保"是2020年"六稳"工作的着力点,守住"六保"底线,就能稳住经济基本盘;以保促稳、稳中求进,就能为全面建成小康社会夯实基础。随着实施国企改革三年行动,健全现代企业制度,完善国资监管体制,深化混合所有制改革,基本完成剥离办社会职能和解决历史遗留问题。国企要聚焦主责主业,健全市场化经营机制,提高核心竞争力。党中央、国务院新的统筹部署,是国有企业发展的方向标,也是国有企业社会责任履行的方向标,遵义市国有企业将在以习近平同志为核心的党中央的领导下踏上新征程。

案 例 篇
Case Reports

贵州省贫困人口多、贫困程度深,是全国脱贫攻坚的主战场。2015年起,贵州21户国有企业积极响应省委、省政府的号召帮扶20个贫困县,在脱贫攻坚战场上临危不惧,勇担贵州省最艰巨、最困难的脱贫任务,做到贵州省14个深度贫困县脱贫攻坚全覆盖。2015~2020年,国有企业利用自身的优势条件,积极响应省委、省政府农业产业革命的号召,将技术、资金、管理、人才、市场分析、市场产需对接等资源禀赋要素,围绕市场需求进行产业选择,以党建为引领、产业为关键、就业为保障、教育为根本的脱贫思路,成效凸显,成为脱贫攻坚战场上一颗璀璨的明珠。

《贵州国有企业社会责任发展报告(2019~2020)》案例篇,将以脱贫攻坚为主题。由于篇幅结构所限,不可能将21家国有企业脱贫攻坚历程一一进行梳理刊登,只是随机抽选6家助推深度贫困县脱贫攻坚的国有企业作为典型代表,将每个企业脱贫攻坚的主要做法及成效呈现在读者面前,供读者进一步了解国有企业在贵州脱贫攻坚、全面建成小康社会历史进程中,积极履行社会责任,担使命、无私奉献的大爱精神。在此,对没有纳入本书案例篇的国有企业表示歉意。

B.7
2019~2020年贵州习酒公司 社会责任报告

李德生*

摘　要： 贵州习酒公司在发展历程中，坚持走中高端发展路线，通过严格的质量管理获得了卓越的产品品质。公司坚持以君品文化为核心价值观，在企业高质量发展的同时，积极回馈社会，在参与地方发展和助力脱贫攻坚等方面很好履行了自己的社会责任。尤其可贵的是，习酒公司致力奖学扶智，其倾力打造的"习酒·我的大学"奖学活动已经成为全国著名的公益品牌。

关键词： 社会责任　君品文化　贵州习酒公司

一　习酒公司发展概况

（一）公司发展历程

习酒公司是对贵州茅台酒厂（集团）习酒有限责任公司的简称，它的前身可追溯至创建于明清时期的殷、罗两姓白酒作坊。1952年，仁怀县为了发展地方酿酒工业，派出相关工作人员从茅台镇出发，沿着赤水河道顺流而下进行考查。当工作人员来到回龙区郎庙乡黄金坪

---

* 李德生，贵州省社会科学院马克思主义研究所副研究员，研究方向：中国历史、马克思主义中国化、国有企业社会责任。

时，发觉当地的气候和水质非常适合酿酒的需要，于是认为这里就是理想的酿酒场地。1957年9月，仁怀县工业局委派茅台酒厂干部到回龙区郎庙乡，购买了黄金坪村罗家白酒作坊及两家民房，招募工人兴建酒厂，以烤小曲白酒解决当地百姓饮酒问题，酒厂定名为"仁怀县郎庙酒厂"。酒厂成立之初有30多名工人，他们采用了茅台酒生产工艺，将生产出来的产品起名为"贵州回沙郎酒"（散装），每年的产量在100吨左右，产品在当地市场很受欢迎。1965年11月，由于行政区划的变动，原属仁怀县管辖的回龙、桑木、永安三个区18个公社划归习水县统领，原仁怀县郎庙酒厂也因此改为"习水县郎庙酒厂"。1966年初，郎庙酒厂成立了研制浓香型大曲酒课题小组，经过多次反复试验，终于在当年10月获得成功，所酿出的浓香型大曲酒达到香浓、味正的突出风格，原粮出酒率达到42.7%。1967年，因郎庙乡改名为"红卫"公社，该厂随即改为"习水县红卫酒厂"（地方国营），其产品被命名为"红卫大曲"。1974年，"红卫大曲"更名为"习水大曲"；10月，习水大曲荣获商业部"金爵奖"；11月，习水酒厂出产的习酒、习水大曲获得国家认可，定为"国家名优酒"，成功进入了亚洲及太平洋地区国际贸易博览会。1986年12月，习水酒厂成功入围贵州省"先进企业"评选；在贵州省第四届名优酒评比会上，习水酒厂生产的酱香型"习"字牌习酒、浓香型习水牌习水大曲双双荣获"金樽"奖。1991年5月，经国务院相关部委核准，贵州省习水酒厂晋升为"国家二级企业"。1992年1月，在美国洛杉矶国际酒类展评会上，习水酒厂提交的参评产品中，酱香型习酒获"金鹰金奖"，浓香型高、低度习水大曲也分别获得了金奖；同年7月，贵州习酒总公司成功入选"国家大型二档企业"。①

---

① 张发扬：《一壶老习酒不负赤水河——习酒公司60年发展纪实》，《贵州日报》2016年7月21日。

（二）公司发展现状

1998年10月，在贵州省委的规划安排下，贵州习酒公司被中国名优白酒企业茅台集团合并，成为茅台集团属下全资子公司，全名定为中国贵州茅台酒厂（集团）习酒有限责任公司。习酒公司选址二郎滩渡口建设了新的大型厂区，这里地处黔北高原赤水河中游，依山傍水，风光秀丽，曾经是红军长征时"四渡赤水"的抢滩地点。当前，习酒公司厂区占地面积近4400亩（1亩≈667平方米，15亩=1公顷），拥有员工近7000人，其中，国家级评酒委员10人，贵州省评酒委员32人，中国酒业科技领军人才、中国白酒大师、中国白酒工艺大师、中国首席白酒品酒师、贵州酿酒大师各1人，各类专业技术人才近2000人；具备了年生产、包装优质基酒4万余吨的能力及高达12万吨的基酒储存能力。

习酒公司始终秉承中国传统白酒的技艺精华，坚守纯粮固态发酵工艺，坚持"以诚取信、以质取胜、锐意创新、追求卓越"的质量方针，践行"无情不商、服务至上"的营销理念，致力于做精产品、做优质量、做好服务。习酒公司主要产品有酱香型君品系列、窖藏系列、金钻系列、浓香和特许系列等。主导品牌"习酒"先后被评为省优、部优、国优，1988年荣获"国家质量奖"，2011年荣获"贵州十大名酒"，2014年被认定为"国家地理标志保护产品"等。1993年和2012年，习酒公司先后两次荣获"全国五一劳动奖状"。2019年，荣获第十八届"全国质量奖"，在"华樽杯"第11届中国酒类品牌价值评议中以486.29亿元位列中国白酒行业第9、贵州省第2。未来两到三年，习酒公司将投资84.6亿元陆续建成酱香制酒生产区、制曲生产区、包装物流园区、基酒储存区、配套建成运营中心、商务体验中心、习酒文化城、科研中心等配套设施，充分展示公司的新形象。

二 习酒公司2019~2020年度履行社会责任基本情况

(一)坚持高质量发展,确保国资保值增值

作为国有企业,始终保持高质量发展,确保国有资产保值增值是公司履行社会责任的第一要务。作为酿酒行业中的佼佼者,习酒公司一直坚持中、高端发展战略,坚定不移地朝着"百年习酒,世界一流"的愿景砥砺奋进。通过深化党建工作、强化监督执纪、加强生产管理、狠抓市场基础、全员立查立改、规范内部运营、加快技改进程、加强环境治理、强化后勤保障、加强内外宣传、深化民主管理,统一思想、凝聚力量,推动习酒公司不断做强做大、做优做久。在不断完善产品种类和提高产品品质的基础上,贵州习酒获得了多项国家级荣誉:主导品牌"习酒"前后被评为省优、部优、国优;2011年荣获"贵州十大名酒之首"称号,2014年被认定为"国家地理标志保护产品";2019年,荣获第十八届"全国质量奖",同时在"华樽杯"中国酒类品牌价值评议中,位列中国白酒行业第9、贵州省第2,品牌实力一路攀升。凭借优质的生产力、产品力和销售能力,贵州习酒在2018年全年产酒2.79万吨,生产成品酒3.55万吨,销售业绩实现历史性重大突破,销售额突破56亿元,同比增长80.58%,公司总资产达到67亿元规模,各项指标均创下了历史新高。2019年,习酒公司再创佳绩,实现年销售额79.8亿元,其中省外市场占比达60%以上,标志着习酒实现了从区域性强势品牌向天下知名品牌的转变。2020年,习酒公司又提出了冲破百亿元销售额的宏伟目标。

（二）坚持回馈社会，积极履行社会责任

企业的成长离不开地方政府人民和社会各界的大力支持。反过来，企业发展好了，积极采取措施回馈地方和社会，就是企业社会责任的良好表现。习酒公司在保持高歌猛进的同时，始终坚持回馈社会，积极参与社会建设。具体表现：一是产地共建，参与地方建设。公司坚持诚实守信、依法经营，按时足额缴纳税金；公司陆续招录社会青年、接收退伍军人、安置当地群众数千人，有效缓解了地方就业压力；公司坚持助力当地中小学教育事业；公司参与当地自然灾害救助帮扶；公司组织员工向省内贫困地区捐款，对山区贫困群众的生产生活救助；公司积极参与茅台集团对道真县的帮扶工作，派驻中层管理人员专职帮助帮扶对象桃林村永胜乡开展脱贫致富工作，出资帮助帮扶对象道真县文家坝村修人饮工程、习水县桃林乡永胜村修路；公司出资400万元参与赤水河源头云南省镇雄县生态扶贫，开展"走进源头·感恩镇雄"活动。新冠肺炎疫情发生以后，习酒公司先后捐资2000万元助力贵州、湖北两省抗击新冠肺炎疫情；公司还坚持慰问当地困难户、留守儿童、困难党员，并且针对帮扶对象留守儿童开展慰问活动，送去棉被、校服和文具等。二是坚守环保发展底线。公司升级改造污水处理厂、锅炉煤改气、做好垃圾分类；公司组织员工开展"保护赤水河·习酒在行动"全员义务植树活动，2018年新增绿化面积100余亩；公司加强三废管理，对生产废水实行严格监管，污水处理实现了达标排放；公司致力赤水河流域生态环境保护，在取水等环节注意循环利用。三是加强社会治安综合治理。公司通过安全宣传教育，按日、周、月开展考评检查，定期检查安全设施设备，在重要监控区域安装监视器等方式确保企业安全生产，保护公司财产、员工生命安全；公司加强厂区内巡逻检查和交通检查，确保厂区内居民生活、出行安全；公司还承担了当地消防、交通事故的救援救助。

四是注重劳动关系和谐。公司通过不断提高员工薪酬、福利、增量补贴等方式,大幅提升了员工工作的积极性;公司通过坚持厂务公开和举行职工代表大会等措施,坚持让职工参与企业管理工作。五是注意维护消费者权益。为了推进产酒质量检验管理,公司加强了制曲、制酒、储存、勾兑、包装关键工序的重点监控,对成品酒质量监控按季度开展风险评估工作,确保产品质量与食品安全;同时公司积极开展打假维权,尽力净化市场环境。①

(三)坚持奖学扶智,致力打造公益品牌

在习酒公司实行社会责任、踊跃回馈社会的各种活动中,长期致力于奖学扶智是最值得大书特书的浓墨华章。2006年,习酒公司联手共青团贵州省委共同创办了公益品牌活动——"习酒·我的大学"。该活动立足贵州、面向全国,以助学活动为基础,不断完善和创新,相继拓展了幸福童园、大学生创业就业大赛、爱心使者招募等形式和内容。活动开展以来,至2020年,习酒公司14年不改初心,从初期的年捐助金额10万元逐步增加到年捐助千万元规模,前后累计出资近1亿元,帮助近20000名贫困学生圆了大学梦。该主题公益活动实施以来,得到社会各界的广泛认可,先后获得了"希望工程贡献奖"、贵州希望工程"爱心企业"等多项荣誉,国家级新闻媒体新华社和酒业家、企业家日报网、网易等也曾多次对此进行宣传报道。"习酒·我的大学"活动范围也扩大为公益助学、励志奖学金、创业扶持、幸福校园等,成为一个颇具规模、影响深远的公益品牌。

2020年是脱贫攻坚的决战决胜之年,习酒公司在2019年的基础上增加捐款250万元,共计捐赠1000万元奖学金,其中,880万元

---

① 参见习酒公司社会责任报告。

将用于奖励家庭经济困难且成绩优秀的大学生，70万元用于大学生社会实践活动奖学金，50万元用于"乡村振兴计划"中贵州乡村项目扶持。下一步，共青团贵州省委将携手习酒公司继续深耕"教育扶贫"，为逐梦学子搭建更高更广的平台，帮助他们实现从"有学上"到"上好学"的时代转变；立足"新市民·追梦桥"品牌工程，开展大学生社会实践活动，鼓励在校大学生到易地扶贫搬迁安置点结对开展服务；深化实施"乡村振兴计划"贵州项目，加强对青年的创业就业引导，培养锻炼一批懂农业、爱农村、爱农民的青年人才队伍，为助力打赢脱贫攻坚、全面建成小康社会和乡村振兴做出了重要贡献。

三 对习酒公司履行社会责任的总体评价

（一）君品文化及其内涵

企业文化是习酒公司提出的环境、品质、品牌、人才、文化5种核心竞争力之一。习酒公司在自己的长期发展进程中，逐渐形成了独具特色的君品文化，倡导了"君品习酒，厚德自强"的文化理念。所谓君品，便是具备正人道德、品格之意。君子概念是中华民族优秀文化传统的一个重要概念，一般指的是有伟大人格、高尚品德、崇高修养之人。君子思想博大精深，纵贯古今，其核心为"自强不息、厚德载物"。"君品习酒，厚德自强"是对君子精神的传承和创新，是习酒公司核心价值观的体现。

习酒公司对君品文化的内核有自己的独到理解。习酒人认为君子的核心道德是仁，仁是一种既崇高又切实的生活理想，其本旨是"己欲立而立人，己欲达而达人"。习酒的君子文化涉及多个互动层面，提倡产品是酒中君子——表里金玉，惠而不费；酿酒人有君子之风——勤劳、淳朴、仁义、包容；卖酒人有君子之德——诚信、自律、服务；饮酒人有君子之好——文明、尊贵、典雅、谦和。而君品习酒，则应极具君子品德之酒，内外兼修，和而不同。[①] 基于这种文化理念，首先，习酒人认为做企业应该顺应天地，道法自然。习酒正是秉承了君子"自强、厚德"的精神，尊重规律，崇敬自然，充分利用赤水河得天独厚的生态酿造资源、特殊的地形地貌、千百年来薪火传承的酿酒所形成的微生物大气群和无法移植的天赐环境，打造了一个原生态的白酒酿造基地——贵州习酒城。其次，习酒人提倡企业要固守君子操守，自强不息，厚德载物。他们寻求不近利、不急躁、不冒进、不跟风，始终以求真务实的工作态度，以发奋图强的拼搏精神，认认真真干事，脚踏实地做人。最后，习酒人讲求奉献，勇于担责。君子达则兼济天下，勇担责任和奉献社会，正是君子风范的最好体现。一直以来，习酒人敢为天下先，勇担社会责任，除了立足根本兢兢业业做好产品，为企业和社会创造财富，还积极参与和支持社会公益事业，为构建和谐社会做出了巨大贡献。

（二）对习酒公司履行社会责任的总体评价

长期以来，在如何对待履行社会责任的问题上，不同企业有着各自不同的见解。有些企业视为规定动作，将其作为门面过程，应付了事；有些企业对此持消极态度，认为履行社会责任会损失企业的利润，担心影响企业的正常运营；当然，也有企业将履行社会责任与企业发展有机结合起来，通过积极履责，打造企业文化，达到加强企业凝聚力、建立企业良好形象、反推企业快速成长的良性循环。事实证明，积极履行社会责任和保证企业自身发展可以合二为一，习酒公司

---

① 引自习酒公司企业文化。

可以说是这方面的样板典范。尽管习酒公司君品文化带来的社会公益活动在一定程度上起到宣传企业的作用，但是他们的这种行为与国家提倡的核心价值观不谋而合，在客观上促进了社会主义精神文明建设，最终实现了企业发展和社会进步的双赢。鉴于此，我们就不难理解习酒公司为什么会多次赢得"履行社会责任杰出企业"称号的原因，同时也有理由对他们的未来发展充满期望。

B.8 贵州电网有限责任公司"十三五"时期扶贫责任履行报告[*]

赵燕燕 陈丹丁[**]

摘　要： "十三五"时期，贵州电网有限责任公司在贵州省委、省政府和南方电网公司的坚强领导下，全面落实中央和省关于脱贫攻坚的决策部署，通过强化组织保障、制订工作计划和建立"扶贫地图"，全力实施电力行业扶贫、定点扶贫、消费扶贫、公益帮扶4项行动，脱贫攻坚工作取得显著成效，为贵州高质量打赢脱贫攻坚战贡献了电网力量，较好履行了企业扶贫责任。

关键词： 贵州电网公司　扶贫责任　脱贫攻坚

一　公司简介

贵州电网有限责任公司（以下简称贵州电网公司）是中国南方电网公司的全资子公司，负责贵州电网统一规划、建设、管理和调度，承担着省内电力供应和西电东送的任务，供电面积17万平方公

---

[*] 本报告主要根据贵州电网有限责任公司提供的资料撰写。
[**] 赵燕燕，贵州省社会科学院马克思主义研究所助理研究员，研究方向：马克思主义中国化；陈丹丁，贵州电网有限责任公司党建工作部品牌建设专责。

里，下属单位108个，其中地市级单位24个（地市供电企业10个）、县区供电局84个，员工4.4万余人，供电户数1569万户。2016年以来，贵州电网公司在省委、省政府和南方电网公司的坚强领导下，积极服务地方经济社会发展，在西部省（区）率先实现"户户通电"，实现供电范围内所有用户同网同价。近9年来，在地方政府组织开展的多行业客户满意度调查评价中排名第一。为贯彻落实中央和省委、省政府以及南方电网公司党组关于脱贫攻坚的决策部署，贵州电网公司通过强化组织保障、制订工作计划和建立"扶贫地图"，全力实施电力行业扶贫、定点扶贫、消费扶贫、公益帮扶4项行动，确保做到"保障提供坚强电力支撑，助力定点扶贫与公益扶贫，绝对不能因电网原因影响脱贫、绝对不能因帮扶不力未如期摘帽、绝对不能出现资金问题"的"一保障、两助力、三个绝对不能"，脱贫攻坚工作取得了显著成效。贵州电网公司先后荣获"贵州省社会扶贫先进集体""全省同步小康驻村工作先进集体"称号，公司系统获各级党委政府表彰253个，其中省部级及以上表彰38个。

二 "十三五"时期扶贫责任履行情况

党的十八大以来，贵州电网公司坚决扛起脱贫攻坚的重大政治责任，秉持"人民电业为人民"的企业宗旨，倾力构建"1+4"扶贫模式，通过"建立一套管理体系，实施电力行业扶贫、定点扶贫、消费扶贫、公益帮扶四项行动"，全力以赴完成脱贫攻坚任务，为贵州高质量打赢脱贫攻坚战贡献了电网力量。

（一）完善工作机制强化组织保障

贵州电网公司实行脱贫攻坚党委书记负责制，成立了由公司党委书记任组长的扶贫工作领导小组，定期召开公司扶贫工作会议，对扶贫工作进行专题研究分析和督促指导，积极研究并协调解决扶贫工作中的重大问题，充分发挥各级党委统筹整合各类资源聚合攻坚力量的作用。建立"省、地、县"三级联动的帮扶机制，形成了省公司统筹协调、地市供电局组织实施、县供电局具体落实的三级联动工作格局，为精准推进扶贫工作提供强有力的组织保障。强化风险防控，定期开展脱贫攻坚专项巡察，确保扶贫领域资金安全、项目安全、干部安全；落实纪委监督责任，强化扶贫领域廉洁风险管控，为打赢脱贫攻坚战提供坚强纪律保证。

（二）制订工作计划压实扶贫责任

研究制订公司《"十三五"精准扶贫工作规划》《关于坚决打赢脱贫攻坚战行动实施方案》及年度精准扶贫行动计划，实施挂牌督战，公司领导亲自带队深入贫困村进行现场办公，明确"省、地、县"三级责任清单，层层压实扶贫责任。每年制订年度脱贫行动计划，与10家地市供电局签订脱贫攻坚责任书并纳入党建责任制考核。

（三）建立"扶贫地图"实施精准管理

贵州电网利用信息化技术建立"扶贫地图"系统，打造省、地、县三级信息互通、资源共享、齐抓共管的信息化平台，通过实施"挂图作战"，对扶贫工作推进情况进行动态管控，实现扶贫管理立体化、扶贫信息数据化、扶贫效果精准化。

（四）抓好电力行业扶贫行动为脱贫攻坚提供坚强电力支撑

贵州电网紧紧围绕全省决战脱贫攻坚、决胜同步小康的总体目标，结合电力行业和公司实际，全面实施电力行业扶贫、定点扶贫、消费扶贫、公益帮扶四项行动，切实履行扶贫责任，充分发挥企业在资金、技术、人才、管理等方面优势,全力做好脱贫攻坚工作。

1. 提升贫困地区供电能力

贵州电网始终坚持将电网建设投资向农村倾斜、向贫困县倾斜、向集中连片特困区倾斜、向深度贫困地区倾斜,"十三五"以来对农网改造升级投资331.9亿元,占总投资的60.35%,是"十二五"时期的1.4倍,全面保障了贵州省脱贫攻坚电力需要。2018年率先完成20个极贫乡镇和2760个深度贫困村电网改造升级。2019年以地市为单位的农村电网"两率一户"指标全部达标。其中,农网供电可靠率99.8%,较2015年提升0.38个百分点;农网综合电压合格率98.81%,较2015年提升6.43个百分点;农网户均配变容量达2.28千伏安,较2015年提升0.74千伏安,提前一年完成国家新一轮农网改造升级目标。数据显示,2019年,全省农村居民用电量125.3亿千瓦时,较"十二五"末增长76.7%。

2. 提高贫困群众用电质量

2016～2017年,贵州电网累计投资1786万元,全面完成贵州省贫困村通动力电工程,项目覆盖3个市州、5个区县和144个自然村,惠及农村人口1.99万人;投资48.5亿元为贵州省1274个小城镇、中心村进行电网改造升级,惠及366万农村人口。在实施"四在农家·美丽乡村"小康电行动计划基础上,贵州电网于2017年9月制订小康电师范县农村电升级改造工程实施方案,探索面向小康社会、可推广的农村电网建设模式。2017～2018年,贵州电网累计投资超过13亿元,建成贵州省5个县域(福泉市、凤冈县、黔西县、普定县、台江县)电网样板。

3. 全面保障易地扶贫搬迁安置点和产业扶贫项目用电需求

贵州电网研究制定了支持和服务贵州省"十三五"时期易地扶贫搬迁工程的实施意见,全面做好全省安置点红线内供配电设施和安置点外部配套电网建设,保障了供电范围内所有易地扶贫搬迁安置点

(929个)的用电需求,惠及177.4万名搬迁群众。每年安排专项资金保障产业扶贫项目用电,按月梳理排查全省产业扶贫项目清单,保障惠民产业项目、脱贫产业项目、致富产业项目落地生根、开花结果。

(五)抓好定点扶贫行动确保帮扶群众如期脱贫出列

1. 选强配优驻村干部确保"尽锐出战"

贵州电网公司系统共有124个定点帮扶点,建档立卡22917户95442人,共计派出202名驻村干部(第一书记48人),选强配优、真蹲实驻,制定"一户一策"脱贫措施,全力做好定点帮扶工作。深入实施"电亮先锋·脱贫攻坚行动",通过运用书记项目、党支部行动计划,以及党员突击队、党员服务队等载体,实施项目化管理,强化闭环管控,共建立书记项目410个,成立党员突击队、服务队302支,定点帮扶村发展党员138名、培养致富带头人325名,扎实推进脱贫攻坚各项目标任务顺利完成,切实发挥党建促脱贫实效。贵州电网公司每年开展年度脱贫攻坚评先选优工作,涌现出一大批脱贫攻坚先进典型。2019年,贵州电网公司派驻的3名第一书记荣获"全省脱贫攻坚优秀第一书记"称号,凝聚起电力行业打赢脱贫攻坚战的正能量。截至2020年5月,贵州电网公司系统124个帮扶点已有118个脱贫出列,21606户91256人已脱贫。

2. 积极探索扶贫路径确保"扶贫成效"

贵州电网公司与安顺市紫云县结对帮扶期间,因地制宜积极探索对口帮扶路径,紫云县综合贫困发生率从2016年的20.46%下降到2019年的3.58%,高质量完成省直单位定点扶贫任务,积极履行了企业社会责任。一是投入3.6亿元电网建设资金,全面提升紫云县电网设施建设水平;二是建成电力特色工业园和农业循环生态产业园,进行造血式扶贫,实现年产值1.2亿元,贫困户分红64.2万元,为贫困户提供760个就业岗位,依托"电力特色工业园区"成立专项帮扶金，帮助贫困地区实施教育扶贫促进扶志、扶智；三是成立扶贫销售平台公司，全县农特产品销售额509.9万元，带动366户贫困户1261人增收；四是推进定点帮扶点基础设施建设和产业发展，定点帮扶的"一镇三村"（板当镇新塘村、洛麦村、小寨关村）贫困户入股分红112万元，户均增收2600元以上，于2019年全部脱贫摘帽。小寨关村被南方电网公司命名为第二批精准扶贫示范村，洛麦村党支部获得全省脱贫攻坚"先进党组织"荣誉称号。2020年，贵州电网投入120万元扶贫资金为定点帮扶的四大寨乡茅草村、关口村、冗厂村发展300亩龙须菜扶贫产业，2020年3月30日已销售龙须菜8000斤，解决了当地39人务工就业，通过电网设施建设、成立企业和公司以及产业发展，贵州电网公司积极探索定点帮扶路径，帮扶工作得到贵州省国资委的充分肯定，2019年"全省国有企业脱贫攻坚现场推进会"在紫云县召开。

3.因地制宜发展项目确保"扶贫长效"

贵州电网公司积极捐赠扶贫资金帮助帮扶点加快经济社会发展，并明确"扶贫捐赠资金应大部分用于培育特色产业、帮助发展生产促进就业等能够直接为贫困人口增收的扶贫项目"。"十三五"期间，共投入扶贫捐赠资金3784万元、协调引进资金近3亿元，发展引进扶贫产业项目300多个，帮助扶贫点4万多名困难群众脱贫致富。通过产业帮扶资金股权化的形式，探索出紫云县"企业+合作社+农户+电商"的扶贫模式和台江阳芳村的"阳芳四化"（即"党支部主导引领，推动扶贫资金股份化、承载主体组织化、经营责任集中化、受益对象精准化"）帮扶模式，为帮扶点建立稳定脱贫长效机制，有效增进帮扶点"造血"功能。

（六）抓好消费扶贫行动助力贫困群众脱贫致富

贵州电网公司积极响应中央和省委决策部署，将消费扶贫作为促进贫困人口稳定脱贫和贫困地区产业持续发展的重要举措，多渠道扩大贫困地区农特产品销路，支持扶贫产业发展，助力贫困群众脱贫致富。实行"合作社＋县级供应商＋省级平台公司＋单位食堂"的"4＋"运作模式，推进职工食堂采购扶贫农产品；在南方电网电子商城开辟运营贵州电网二级专区，打造"扶贫＋电商"采购新模式，将贵州帮扶产品推向南网五省；成立销售公司、打造"黔电菜园"平台，紫云红芯薯销售到国内一线城市，央视新闻播放紫云秘制"扶贫腊肉"；鼓励驻村干部当好消费扶贫"带货王"，派驻台江棉花、龙潭、阳芳、红光4村的4名第一书记组团营销，帮助苗族群众增收13万余元，被人们亲切称为"货郎书记"，派驻紫云板当镇的第一书记严召波，促成与京东商城签订销售协议，预计2020年可实现农产品销售140万元。

（七）抓好公益帮扶行动传递同步小康南网情

贵州电网公司积极落实国家教育扶贫政策，发挥贵州电力职业技术学院资源，免费培训贫困学生，输出贫困学生到公司系统就业，对学生进行奖、助、减免、补帮扶共计1923人；累计提供2126个勤工助学岗位，发放资助金208万元；建档立卡毕业生273人就业率100%，实现"一人就业，全家脱贫"；组织贵州省电机工程学会连续5年在紫云、晴隆等6个县市开展"科普扶贫双下乡"活动。贵州电网公司始终坚持"企业帮"与"员工扶"相结合，充分发挥群团组织作用，推动全员注册"中国社会扶贫网"App，唱响"电亮·同步小康梦"公益品牌。"十三五"以来，贵州电网公司累计开展志愿服务活动近3500次，提供服务24000余小时，帮扶30万余人，捐款、捐物总额近400万元。贵州电网公司建设留守儿童之家、爱心书屋37个，帮助24所学校新建或修缮教学设施，形成一批以遵义供电局"爱度"公益、六盘水供电局"方舟志愿服务队"为代表的志愿服务品牌，10支"志愿服务队"获得地市级以上表彰。为深入落实习近平总书记"优先吸纳贫困地区劳动力务工就业"的部署，2020年新冠肺炎疫情发生后，贵州电网公司全力推进基建项目复工复产，帮助2.95万名农民务工就业，其中电网项目施工解决1.8万名贫困地区农民工就业，来自"9+3"贫困县的农民工近3000人，有序安排农民工返岗就业。在帮扶村组织开展种养殖、电工、美容美发等各类技术培训1992人次，让贫困群众掌握脱贫致富的本领。

三 下一步工作打算

2020年是决胜全面建成小康社会、决战脱贫攻坚之年，也是"十三五"规划收官之年。习近平总书记强调"脱贫摘帽不是终点，而是新生活、新奋斗的起点"①。贵州电网公司将认真贯彻落实习近平总书记关于扶贫工作的重要指示精神，全力以赴抓好脱贫攻坚工作，多措并举发挥好国有企业在专项扶贫、行业扶贫、社会扶贫"三位一体"的大扶贫工作格局中的重要作用，构建可持续脱贫长效机制，助力脱贫攻坚与乡村振兴有效衔接，为完整撕下贵州绝对贫困的标签、全面建成小康社会贡献电网力量。

（一）进一步抓好电力行业扶贫工作

一是对贫困地区用电情况进行再排查、再梳理，做好资源要素保障，抓好整改提升；二是补齐区域间的发展短板，以缩小区域间农村电网发展差距为目标精准安排农网项目；三是全面保障产业扶贫项目用电需求，积极跟进产业扶贫项目情况，加快配套电网工程建设进

---

① 习近平：《在决战决胜脱贫攻坚座谈会上的讲话》，http://www.gov.cn/xinwen/2020-03/06/Content_5488175.htm，2020年3月6日。

度,及时、有效地保障产业扶贫项目用电需求;四是切实保障农村和易地扶贫搬迁安置点用电,强化线路和设备运维;五是做好脱贫攻坚战略与乡村振兴战略的有效衔接,开展现代农村配电网研究和建设,构建清洁低碳、安全高效的农村能源供应保障体系。

(二)全面完成定点扶贫目标任务

确保按时高质量完成贵州省直单位定点扶贫考核任务,根据《贵州电网公司2020年帮扶紫云县脱贫攻坚工作方案》《贵州电网公司结对帮扶紫云县四大寨乡茅草村、关口村、冗厂村壮大集体经济工作方案》,严格落实帮扶工作,帮扶紫云县如期脱贫摘帽。根据《贵州电网公司关于支持毕节试验区打赢脱贫攻坚战夯实贯彻新发展理念示范区建设基础的工作方案》和《贵州电网公司支持保障从江县打赢脱贫攻坚战工作方案》,全面完成支持保障毕节试验区和从江县按时打赢脱贫攻坚战的目标任务。

(三)做好扶贫工作经验总结及宣传

"十三五"时期,贵州电网公司形成了"党建先锋路、电力强基路、定点示范路、产业致富路、公益助理路"的"五路并举·电亮紫云"的帮扶经验,今后应进一步以脱贫攻坚"大会战"为重点,提炼和总结系统内各单位的好做法、好经验,做好"南网故事""南网力量""南网精神"的宣传报道,充分展示党的十八大以来贵州电网公司脱贫攻坚的成果。

B.9
2019年盘江煤电集团脱贫攻坚社会责任报告

廖昌海*

摘　要： 2019年，贵州盘江煤电集团在贵州省委以脱贫攻坚统领经济社会发展的号召下，积极投身毕节市赫章县的帮扶，以市场需求为导向，寻求市场与帮扶地资源优势的契合点，建立党建引领，打造以特色产业"公司+农户"助推脱贫攻坚，深入推进"帮扶先锋"党建子品牌，塑造"盘江帮扶"亮丽名片。

关键词： 党建　脱贫攻坚　盘江煤电

自2015年4月以来，盘江煤电集团为破解企业扶贫"以捐了之"的问题，通过产业帮扶探索出了一条"市场思维抓扶贫、共建共享共发展"及"做示范、树品牌、带农户"的帮扶新路，实现从"输血"到"造血"的完美转型，塑造党建引领脱贫攻坚升级版本，脱贫攻坚成效显著。

一　企业基本情况

盘江煤电集团成立于1966年，是贵州省国有独资企业，由盘江

---

* 廖昌海，贵州省社会科学院研究实习员，研究方向：马克思主义政治理论。

矿务局改制而成，经过50多年的发展，集团各项事业发展势头向好，现已发展成为以煤炭生产、洗选加工为集团主业，同时从事火力发电、建井施工和土建安装等相关业务的大一型国有煤炭工业企业。

集团矿区资源十分丰富，井田面积700多平方公里，现已探明的煤炭储量达95亿吨，远景储量383亿吨，位列江南地区第一。肥煤、气煤、1/3焦煤、瘦煤、主焦煤、无烟煤、贫煤是集团开采的主要煤种，其中炼焦煤的储量异常丰富，几乎占贵州省炼焦煤总储量的一半，品种多样，优势突出。早在2007年，原煤生产量就突破1000万吨大关，2008年达到1190万吨，当年营业收入为55亿元，利润超过10亿元，在江南地区大型煤炭工业企业中跃居第一位，成为中国南方重要的大型炼焦煤和动力煤生产基地。"盘江煤"被评为中国"知名出口品牌""煤炭质量信得过产品"。集团先后荣获"全国五一劳动奖状""1998~2000年度贵州有突出贡献的国有企业"等一系列荣誉称号。

近年来，集团以习近平新时代中国特色社会主义思想为指导，制定"以煤为主、多业并举、科学发展"的发展方向，确立了煤化工、煤炭产业、锰系铁合金、煤矸石发电、建材生产五大产业发展板块，打造了盘江"以煤为主、多业并举"的发展远景目标。集团人才云集、精英辈出，现有职工5.3万人，其中技术人员5000余人。集团年产原煤超过700万吨，水泥6万吨，发电机组装机总容量近3.75万千瓦。集团设立9个直属分公司和5个全资子公司。多年来，集团积极践行科学经营、稳健发展的理念，不断优化产能配置，提高员工待遇，社会影响力和美誉度不断提升。

盘江煤电集团牢固树立"增产增收、提质增效、节能减排"的经营理念，以"安全第一、质量第二、产量第三"为工作方针，把安全生产放在首位，抓好经营管理，加大改革力度助推企业发展。将集团建设成为煤炭生产为主业、多产业协调发展的国有大综型煤炭工业企业的目标已实现，根据发展规划，集团2023年产煤将达到7000万吨。

二 塑造党建品牌引领脱贫攻坚

2015年5月13日，时任贵州省省委书记赵克志、省长陈敏尔在晴隆县召开会议，提出由22个国企结对帮扶21个贫困县，根据会议精神，盘江煤电集团对赫章县进行帮扶。自对口帮扶赫章县以来，盘江煤电集团深入贯彻中央、省委省政府、省国资委关于做好脱贫攻坚工作的重要指示精神，强化党建引领，将扶贫工作与聚焦主业同等重视、同时部署、同样要求、同步考核，充分体现了国有企业脱贫攻坚的政治责任和社会担当。

（一）强化"四级"党组织功能为扶贫攻坚奠定基础

注重党委扶贫攻坚顶层设计。加强集团公司扶贫领导。盘江集团党委成立扶贫攻坚领导小组，成立专门办公室（扶贫办），先后抽调多名工作能力较强的人员组建专门队伍，统筹集团帮扶工作，制定盘江集团党委扶贫攻坚领导小组办公室工作规则，明确扶贫办负责人岗位工作职责、扶贫办负责人安全生产职责、脱贫攻坚纪律要求（立足贫困实际，研究致贫原因，实施精准帮扶，不搞政绩工程，不搞锦上添花，坚持雪中送炭，持续发展）、建立一系列的工作制度。

如例会制度、报告制度、议事规则、沟通协调制度、信息管理制度。2020年，盘江集团党委制定和出台《关于认真学习贯彻习近平总书记在决胜脱贫攻坚座谈会上重要讲话精神的实施意见》（盘江煤电〔2020〕22号文件），调整贵州盘江煤电集团有限责任公司委员会扶贫攻坚领导小组，明确集团领导干部"对口帮扶责任清单"，要求召开党委书记主持的脱贫攻坚专题会及推进会每年不低于2次，总经理亲自分管帮扶工作，领导班子成员每季度不低于1次研究联系帮扶点相关项目工作，每年不低于2次深入帮扶点指导督促工作。提出赫章康兴党总支要深入推进"帮扶先锋"党建子品牌塑造要求，进一步细化落实品牌建设各项内容，打造"盘江帮扶"亮丽名片，发挥集团党委统领作用。

发挥党总支指导作用。赫章康兴扶贫开发有限公司党总支出台《关于促进扶贫攻坚的若干意见》，提出："贯彻五个坚持（坚持党的领导、坚持宗旨意识、坚持优良作风、坚持效率效益、坚持廉洁从业）""树立五种意识（事业伟大，个人渺小；跋山涉水，勇敢长征；自胜者强，自强者胜；团结为上，荣誉第一；争做英雄，甘守平凡）""实施五个行动（精准扶贫行动、产业升级行动、规范运营行动、素质提升行动、持续发展行动）""争做五个工作者（以党至上，做践行初心者；国家至上，做踏实耕耘者；人民至上，做无私奉献者；企业至上，做增光添彩者；事业至上，做最美奋斗者）"具体举措，布置和落实集团党委扶贫攻坚任务。

创特色支部筑牢帮扶阵地。设立赫章康兴扶贫开发有限公司、贵州普田小黄牛养殖公司等企业，搭建专门帮扶平台，助推结对帮扶工作。建立建强赫章康兴扶贫开发有限公司标准化、示范性、样板党支部，以"三抓三提"（抓队伍、提素质；抓产业、提收益；抓成效、提形象）创支部特色，从组织建设、组织生活、党员管理、信息台账和活动阵地五个方面，为脱贫攻坚发挥坚强战斗堡垒作用。

强化"第一书记"队伍建设。围绕"第一书记"基层扶贫团队，强力执行对口帮扶"路线图"。盘江集团从旗下有帮扶任务的7家成员企业中，先后选派了14名驻村第一书记参与贫困村党建帮扶工作，并围绕这些第一书记集聚了100余人的帮扶团队。盘江选派的第一书记驻村一待就是二十八九天，节假日也常常与家属孩子相聚在扶贫攻坚的驻村第一线，他们扑下身子、沉下心来，走村串户、调查研究，紧紧依靠当地党员干部、能人群众抓党建、谋发展，锻造了一支盘江脱贫攻坚的"硬人""铁军"，树立了贵州国企助推脱贫攻坚的良好形象。

在坚强有力的组织保障下，近年来，盘江集团在全省10余个县区投入资金1.03亿元，实施帮扶项目36个，采购贫困地区农特产品1800吨，销售金额2400万元；以固定用工和临时用工等形式解决就业人口25953人；开办农业技术培训班和乡村干部、农村致富带头人经营管理能力提升培训班共计23期，培训5088人次。2018年底，在"庆祝改革开放四十周年·成长在贵州"表彰会上，盘江集团荣获"贵州十佳社会责任担当型企业"称号。2018年，赫章康兴被省委、省政府授予"贵州省民族团结进步模范集团"称号。

当前贵州脱贫攻坚进入了最为关键的阶段，盘江将切实扛起重大政治责任，围绕"四场硬仗"、农村产业革命，用好"五步工作法"，抓好"产业扶贫八要素"，咬定目标加油干，拿出过硬作风，攻坚克难，精准发力，为打赢脱贫攻坚这场硬仗贡献力量。

（二）以产业扶贫带动作用为枢纽，增强和巩固扶贫攻坚效能

自2015年4月开始，盘江集团大力实施产业帮扶，探索出了一条"市场思维抓扶贫、共建共享共发展"及"做示范、树品牌、带农户"的扶贫思路，前后投入4600万元，并整合近1亿元各类社会资金，结合当地实际制定了一系列帮扶项目，通过项目解决当地群众就业、固定分红提升了群众的收入，当地人民生活水平不断提高，取得了显著成效。2018年集团投入资金1000余万元，各产业帮扶项目共计产值为1767万元，在项目带领下2007户农户户均增收8800元，包括贫困户853户。组织引导、示范带动的辣椒种植产业在赫章县已初显效应，为广大群众增收致富开拓了好路子。虽然集团投入的项目

不是很大，帮扶资金也不是最多，但是帮扶成效却最为显著，群众高度认可。集团不是"保姆式""养懒汉式"的扶贫，而是重在扶智与扶志结合，解放群众思想，帮扶模式得到省委、省政府和社会各界的充分肯定。

狠抓产业发展，是企业参与脱贫攻坚的重点。产业是助推贫困地摘帽、增加农民收入的最佳路子。盘江集团因地制宜，立足于农业特色产业，充分利用赫章县的自然禀赋，深入挖掘地方特色资源，宜农则农、宜牧则牧、宜林则林，发展健康、绿色、有机可持续脱贫的高端优质农业产业，不遗余力用好集团资金、技术、人才、市场、管理等各类资源。同时，在特色产业项目的筛选过程中集思广益，充分听取各方意见建议，既发挥贫困村驻村干部、第一书记的作用，又主动依靠当地党委政府和相关部门，还问计于民、问策于民，广泛征求贫困农户意见，提高了决策的有效性、针对性。盘江集团结合赫章县得天独厚的自然环境条件，组织专家论证，大力开展辣椒种植，发展辣椒产业帮助群众增收致富。在集团的帮助下，2019年赫章县共计14万名群众种植辣椒8万多亩，该地种植的特种辣椒辣度是遵义小米辣的50倍，主要用于科技研究领域。

坚持市场导向，是企业选择帮扶项目的前提。扶贫产业发展的成败最终要由市场来检验。帮扶项目产品必须变成商品才能产生价值，才能助推群众致富；因此大力发展山地特色农业产业，必须立足于市场，坚持市场导向，掌握市场供需、产品的差异化，做好品牌塑造，利用好市场规律，发挥市场对资源配置的决定性作用。充分利用互联网、大数据等高科技新兴技术手段，关注市场供需变化，了解产品价格走向，选准发展前景好、预期收益高和区域性、特色性显著的产业项目，生产符合市场需求的产品。集中主力进行规模化、集约化、标准化生产，打造绿色、无公害、有机农产品，提升产品知名度和市场占比。延伸扶贫产业链，加强信息引导和产销对接，加大科技研发力度,提升抵御市场风险的能力,着力打造集种植、养殖、加工、销售及生产端、流通端、市场端为一体的完整产业链,带动群众增收致富,助推脱贫攻坚。

依靠科技支撑,是企业做好帮扶项目的保障。盘江集团发挥管理优势,紧密结合赫章县的地域实际、基本情况和贫困人口个性化特点,主动对接当地政府经济社会发展规划,充分利用科研团队、农技人员、当地干部群众力量,团结力量,群策群力做好扶贫工作,助推赫章县打赢脱贫攻坚战。

壮大集体经济,是企业做好帮扶工作的基础。扶贫工作重在扶志,要做好群众的思想工作。否则再好的帮扶措施,再好的帮扶干部,没有群众的主动参与和积极作为,也不能开展好扶贫工作。因此,抓好基层党建,充分培育村级组织在帮扶合作社等新经济体中的话语权、所有权就显得极为重要,要增强基层组织的凝聚力、号召力,紧密依靠村级组织宣传、发动、组织群众,大力发展特色产业,提高群众的种植积极性,不断增加群众收入,激发贫困户的积极性和内生动力,让广大群众积极参与到产业扶贫工作中。

(三)建立健全帮扶体系和机制为扶贫攻坚强保障

为贯彻落实省委、省政府、省国资委关于国有企业对口帮扶贫困县的工作要求,更好助推赫章县按时高质量地打赢脱贫攻坚战,盘江集团研究建立了一系列机制体系。

一是建立扶贫攻坚责任体系。集团党委管控。盘江集团党委高度重视脱贫攻坚工作,通过党委会、专题会研究对口帮扶和脱贫攻坚工作事宜。党委制定了扶贫工作相关规则,不断加强扶贫队伍和平台建设。旗下企业分头抓落实。为更好地开展对口帮扶赫章县脱贫攻坚工作,盘江集团专门成立了赫章康兴扶贫公司,负责落实党委部署安排,开展相关工作。专门团队负责具体实施。盘江集团成立了由不同团队组成的扶贫公司，有负责种植技术指导的专业人员，有负责管理工作的人员，有负责网络营销的人员，等等，帮扶机制和体系的建立健全使得赫章县脱贫攻坚工作的推进更加顺利。在帮扶过程中，集团帮扶人员积极发扬煤矿工人能吃苦、能战斗、能奉献的工作精神，真情实意帮扶赫章县。盘江集团每名党委委员亲自联系一个项目，负责督促抓好落实。

二是严格落实党组织生活会。按时召开党支部党员大会、支部委员会、党小组会、组织生活会、民主评议党员；坚持党支部书记上党课，动员党员上微党课；围绕红色教育、业务技能提升、志愿服务、脱贫攻坚，每月相对固定一天开展主题党日。

三是建立健全党员管理机制。建立党员积分管理和考核制度。在抓党员队伍建设，提优素质方面，量化考核计分管理党员，包括基础积分、业务积分、争优积分，积分作为民主评议党员的一个方面，提交党员大会讨论，并将党员积分考核上墙，对积分低的党员进行约谈提醒，将考核结果作为推优评定的材料。建立扶贫攻坚干部关怀激励制度。盘江煤电集团公司党委制定《贵州盘江煤电集团有限责任公司关于进一步关怀激励扶贫攻坚干部的意见》，内容包括：适当增加扶贫攻坚一线表现突出、成绩显著的集体和个人的比例，对于实绩突出、群众公认的干部，同等条件下可优先推荐提拔或重用的政治关怀；建立第一书记每年不低于1万元的驻村工作经费，每人每天100元的驻村生活补助，对直接履行扶贫攻坚职责的干部，年度个人工资总额上浮10%，建立集体及个人表彰配套奖励制度的经济关怀；为扶贫攻坚干部进行一年一次的健康体检，为每人购买100万元的人身意外险，集团领导班子成员走访慰问扶贫攻坚干部及家属谈心活动的人文关怀。建立先进典型表彰制度。强化宣传发动，积极选树一批盘江集团扶贫攻坚先进人物、典型事迹，发挥榜样带动作用。

四是建立共建共享共发展机制。按照以市场为导向、规模适当、风险可控的原则，2018年成立赫章康兴扶贫有限公司（集团公司51%控股，49%归县政府），推行"公司+合作社+农户"的组织模式，完善利益联结机制，实行"1234"（10%为村集体经济，20%为合作社，30%为企业项目滚动资金，40%为贫困户）。重点围绕莆田小黄牛项目，扩大养殖规模，加快品种改良，完善加工、销售体系，实现链式发展，实现产业规范化管理，将经济效益与社会效益相统一。

三 下一步工作打算

近年来，盘江集团在对口帮扶赫章县工作中取得了一定成绩，但在工作思路、工作方法、推动力度等方面还需要进一步优化和调整。下一步，集团要坚持以习近平新时代中国特色社会主义思想为指导，深入学习贯彻新时代党的脱贫攻坚工作总要求和党的组织路线，认真贯彻落实中央和省委、省政府决策部署和上级工作部署，继续强化党建在脱贫攻坚中的引领作用。同时，集团将加大产业帮扶力度，帮扶资金和人员不减，切实抓好对口帮扶赫章县脱贫攻坚工作，助推赫章县按时高质量打赢脱贫攻坚战。

B.10
贵州现代物流集团以党建领航助力脱贫攻坚*

赵燕燕 陈忠文**

摘　要： 贵州现代物流产业（集团）有限责任公司充分发挥党组织协调引领作用，致力于把党建资源转化为发展资源，把党建优势转化为发展优势，积极打造"五在党支部"，帮助定点帮扶点解决人居安全、民生问题和产业发展问题；依托"服务先锋"党建行动对接帮扶村"两委"，帮助合作社选准优势主导产业；以"抓班子强党建示范点"和党建引领助推"黔货出山"示范点建设为抓手，推动党建工作深入脱贫攻坚工作、深入业务工作，不断深化"党建品牌+扶贫"工作模式，实现党建与脱贫攻坚、乡村振兴同频共振、互促互进，党建促脱贫工作取得了显著成效。

关键词： 党建品牌+扶贫　产销对接　贵州现代物流集团

---

* 本报告主要根据贵州现代物流产业集团提供的材料撰写。
** 赵燕燕，贵州省社会科学院马克思主义研究所助理研究员，研究方向：马克思主义中国化；陈忠文，贵州现代物流产业集团党委工作部副部长、党委宣传部副部长。

一　企业简介

贵州现代物流产业（集团）有限责任公司（以下简称现代物流集团）是按照贵州省委省政府打造的"四梁八柱"工业体系要求，于2018年经省政府批准，以原贵州省物资集团和贵州省商贸投资集团归属母公司净资产30亿元为基础，贵阳市农投持有贵阳农产品物流园的资产或股权作价出资，贵阳交投以货币资金、满帮集团以技术品牌等作价约20亿元出资组建的大一型现代物流产业集团，注册资本50亿元，有11家全资子公司、3家控股公司、6家参股公司。集团下属子公司通过参股、控股并购以及托管、联盟等方式，逐步引入中集集团、传化集团、招商局集团等国内外重要物流企业，整合贵州省内国有空港物流、铁路口岸、港口码头、货运站场、物流园区、高速服务区、县市农业发展公司等资源，建成以贵阳为中心、市州地所在地为枢纽、县（市、区、特区）为节点、乡镇为末梢的现代物流体系。现代物流集团下设办公室含董事会秘书处、党委工作部、群团工作部、组织人事部、规划投资部、运营管理部、财务部、风控审计部（清欠办公室）、信息产业部和纪检监察室等职能部门。经营范围涵盖商贸冷链仓储配送、物流与供应链服务、物流设施建设与物流装备制造、物流信息数据服务等。

二　主要做法

党的十八大以来，现代物流集团始终坚持以习近平新时代中国特色社会主义思想为指导，以实现整村脱贫巩固提升、建设美丽乡村实现乡村振兴为目标，以党的建设为统领，狠抓市场扶贫、产业扶贫、项目扶贫，牢牢把握农村产业革命"八要素"，用好"五步工作法"，充分发挥现代物流集团党组织协调引领作用,致力于把党建资源转化为发展资源,把党建优势转化为发展优势,不断深化"党建品牌+扶贫"工作模式,实现党建与脱贫攻坚、乡村振兴同频共振、互促互进,党建促脱贫工作取得了显著成效。

(一)党委高度重视全面谋划精准扶贫工作

召开专题会议发挥组织优势。现代物流集团始终立足企业自身实际,立足本职岗位,适时召开脱贫攻坚专题会议,充分发挥党委组织优势,系统部署脱贫攻坚工作。每年召开专题党委会研究部署现代物流集团脱贫攻坚工作,坚持把习近平关于脱贫攻坚的批示指示精神作为打赢脱贫攻坚战的行动指南和根本遵循。召开普安县·贵州现代物流产业集团2019年脱贫攻坚工作座谈会,"一对一"响应普安县提出的帮扶请求,积极探索与扶贫县相互长期帮助、共谋发展、共同进步的扶贫双赢模式。召开贵州省农村产业革命蔬菜产业发展推进会,分别与上海蔬菜(集团)有限公司、浙江畅享生态农业发展有限公司、黔东南州人民政府、安顺市人民政府、毕节市人民政府、凯里市人民政府、石阡县人民政府签订战略合作协议,推动构建以贵阳为中心,市州所在地为枢纽,县区、开发区为节点,500亩以上坝区为支撑的内联外通、产销对接的蔬菜流通体系,为全省决战脱贫攻坚、决胜全面小康做出了积极贡献。召开系统企业脱贫攻坚专题学习会,进一步增强广大党员干部以实际行动参与脱贫攻坚工作的思想自觉和行动自觉。2020年4月,现代物流集团脱贫攻坚领导小组召开专题会议,再次研究威宁县等9个深度贫困县以及七星关等3个贫困人口超过1万人的县(区)的产销对接工作,现代物流集团领导班子成员分别结合分管工作对各子公司"9+3"产销对接工作进行安排和指导,充分发挥党委组织优势。

制订工作计划强化引领作用。现代物流集团研究制订《现代物流集团脱贫攻坚工作方案》《现代物流集团结对帮扶集体经济财政扶持村工作方案》等,细化定点帮扶点普安县新店镇雨核村、威宁县3个结对帮扶村帮扶措施,抽调11名精干力量组建结对帮扶团队,明确责任分工,确保各项帮扶工作落到实处。制订现代物流集团领导班子帮扶调研方案,领导班子成员每月进行脱贫攻坚工作实地调研,坚持深入一线,了解其家庭人口、致贫原因、劳力状况、技能技术等情况,进一步掌握了各个困难家庭的第一手资料,为下一步因户制宜开展帮扶计划,实现精准扶贫打下了良好的基础。号召干部职工在脱贫攻坚战场上彰显"贵州现代物流先锋"风采,全力推动脱贫攻坚各项工作取得实效。

(二)探索"党建+扶贫"工作模式,推动党建工作深入脱贫攻坚工作、深入业务工作

积极打造"五在党支部",帮助定点帮扶点解决人居安全、民生问题和产业发展问题。现代物流集团紧扣定点帮扶点普安县新店镇雨核村的实情,探索"党建品牌+扶贫"工作模式,积极打造"五在党支部"(在党支部共商解决困难纠纷、理清发展思路、发展集体经济、落实惠民政策、树立文明新风),推进定点帮扶点攻坚克难。深入分析雨核村致贫原因和脱贫瓶颈,研究制定扶贫措施,截至2020年5月,先后拨付247.2万元用于基础设施建设和产业扶贫项目,如修烤烟房、解决长毛兔养殖、老旧房治理、购买垃圾箱、发展蔬菜种植基地等,帮助解决人居安全、民生问题和发展产业,切实推动雨核村实现脱贫致富。雨核村贫困发生率从2014年的17.4%到2020年5月30日贫困人员全部清零,在普安县2019年89个村脱贫工作交叉检查中,雨核村获普安县第二名,群众满意度第一名。

依托"服务先锋"党建行动对接帮扶村"两委",帮助合作社选准优势主导产业。按照贵州省委组织部《关于印发〈关于组织开展国有企业结对帮扶2019年扶持壮大村级集体经济试点村的工作方案〉的通知》、贵州省国资委党委《关于组织国有企业结对帮扶2019年扶持壮大村级集体经济扶持村的通知》等文件精神,现代物流集团接到三个村的帮扶任务,集团脱贫攻坚领导小组第一时间做出工作部署,抽调11名党员和业务精干力量组建结对帮扶先锋队,以贵州蔬菜集团第二党支部为主要攻坚力量,对威宁县三个深度贫困村(干河村、贵坪村、兴隆村)开展结队帮扶。依托"服务先锋"党建行动,提出"冲得上、筑得牢、完成好、靠得住"的战斗口号,及时对接帮扶村"两委",通过沟通协商,帮助当地合作社选准优势主导产业,提供种植技术指导,以自有资源搭建了产销对接渠道等。2020年3月,现代物流集团首次出资30万元帮扶资金,先锋队党员骨干带头购买种子、地膜、化肥等农资,推动结对帮扶村发展产业,根据帮扶村的地形、土壤、海拔等情况,将龙场镇干河村、大街乡兴隆村作为村集体合作社种植魔芋的试点,邀请农业专家现场讲解和指导种植技术,4月底前基本形成2个现代物流集团帮扶村"魔芋示范基地"。

以"抓班子强党建示范点"和党建引领助推"黔货出山"示范点建设为抓手,推动党建工作深入脱贫攻坚工作、深入业务工作。贵州蔬菜集团党委通过狠抓党建工作,充分利用现代物流集团的优势运输资源和销售平台,帮助打通农产品销售渠道,先后与普安县、威宁县等"9+3"贫困地区45个蔬菜生产基地签订产销对接扶贫农产品合作购销协议,从农产品种植、生产、加工等方面给予资金支持和技术支持,帮助贫困地区农产品市场,拓宽销路。2019年8月以来,累计帮助贫困地区销售以"三白"为代表的蔬菜3万余吨,在疫情期间,为帮助解决贫困地区蔬菜滞销、化解脱贫群众返贫风险,现代物流集团采取"以捐代销""托底收购"等方式,累计购捐蔬菜

1809吨，折合资金240余万元。

聚焦"9+3"重点县区，贵州蔬菜集团第一党支部主动认领助销任务45.2万亩，配套捐赠化肥100吨，并及时成立以支部党员骨干为核心的三个调研组，分赴蔬菜产业基地、田间地头，与农业企业、合作社深入交流，全面了解蔬菜产业情况，在蔬菜产业田间管护、分拣分级、包装包材、冷链物流配套等方面开展务实性指导，通过制订蔬菜助销计划，列出销售产品、上市时间、市场渠道等清单，打通13万吨蔬菜省内外销售渠道，助销蔬菜4428.83吨。

以党建为引领，攻坚线上技术难题，加快"黔菜网"开发建设，把建设贵州农产品大数据平台——"黔菜网"助推"黔货出山"作为工作重点，"黔菜网"——贵州农产品大数据平台已于2020年3月31日上线。该平台2020年6月30日连接了50个蔬菜生产大县600多家合作社、450家店铺、128家营养餐配送企业和948个种植基地，总成交金额达2024万元。目前，该平台项目已被纳入省委主要领导和贵州省农产品流通体制改革小组主要调度的重点项目之一，因成绩优异，脱贫攻坚成效显著，2020年贵州蔬菜集团第一党支部被省委授予"全省脱贫攻坚先进党组织"。

以创建"贵州现代物流先锋"党建品牌，争当"贵州现代物流先锋"为抓手，贵州现代物流集团各级党组织积极作为，以党建促"黔菜出山"，积极构建"1+3"的运行体系（"1"即以现代物流集团统筹推进全省冷链物流体系和农产品流通体系建设；"3"即现代物流集团旗下专门从事农产品流通的贵州蔬菜集团、贵州现代物流产业投资公司和农产品贸易流通公司三大运营主体），承接了全省500亩以上坝区和12个特色产业产销对接和冷链需求保障服务工作，较大程度实现了脱贫攻坚与企业发展同频共振。

（三）积极拓展"黔菜"省内外销售市场助推脱贫攻坚

现代物流集团积极拓展"黔菜"省内外销售市场，推进产销资源整合，推动构建蔬菜流通主渠道，实现市场消费主体与贫困地区特色产品的精准对接，真正做到产销对接、消费扶贫。一方面继续提升省内市场占有份额，开辟贵州农产品扶贫专区，拓展营养餐、高校、司法、卫计系统等销售渠道，打造集中量产、批量供给蔬菜产品省内市场体系。通过在省内各市州重要农产品批发市场开辟贵州农产品扶贫专区，引导营养餐企业在扶贫专区采购本省大宗蔬菜，开辟贵州师范大学、贵州大学、贵州省中医大学等12所高校市场，拓展合力、永辉、宾隆、佳惠、谊品生鲜等超市市场，与贵州医科大学、贵州省第二人民医院、贵州省肿瘤医院等达成配送协议，进一步提升了贵州蔬菜本土市场占有份额。尤其是"校农对接、产销扶贫——威宁模式"，获贵州省委常委、政法委书记时光辉同志的批示并全省推广。蔬菜集团充分发挥"营养餐、贵州产"专业运营、规范管理、市场宽广的优势，通过控股或参股等形式共同组织实施区内学生营养餐为主的"七进"市场的产销配送，至2020年6月30日已覆盖威宁、纳雍、七星关、紫云、凯里、锦屏、榕江、从江8个县区71万人，建立"9+3"重点县（区）基地与学生营养餐连接机制，采购本省农产品率超过90%，直接带动贫困户7814户，带动贫困人口23542人，助力全省脱贫攻坚。拓展了省内18所高校、21所监狱、4家超市、3家医院团餐供应渠道，筹备开设贵州蔬菜集团惠民生鲜超市。另一方面大力拓展省外目标市场，通过开拓粤港澳大湾区、重庆、长沙、云南、长三角和河口口岸等省外市场，启动与周边四川、重庆、湖南、云南等市场对接。积极与深圳市望家欢、海吉星国际农产品物流园，广东好来客集团对接，加大对贵州省蔬菜采购力度，在粤港澳大湾区和上海开设营运中心，在上海西郊市场和广州江楠市场开辟贵州农产品销售专区，在重庆设立了贵州蔬菜集团配送中心。同时，进一步加强面向南亚的河口通道建设。2019年以来，截至2020年5月底，累计向省外市场输送"黔菜"达4428.83吨，并与广东、上海等地签署农产品贸易销售协议达20余万吨。到2020年6月30日，贵州现代物流集团省内、外市场渠道销售日均能力600吨。

三 下一步工作打算

现代物流集团在扶贫工作中立足企业实际积极探索，"党建品牌+扶贫"的工作模式使企业在履行扶贫责任方面取得了显著成效，党建促脱贫成为企业履行扶贫责任的一大亮点。2020年是脱贫攻坚收官之年，现代物流集团在下一步工作中当重点推动脱贫攻坚工作与乡村振兴的有效衔接。一是持续在扶贫工作上发力，不断巩固发展脱贫成果，以"龙头企业+合作社+农户"的模式，充分利用现代物流集团的运输资源、销售平台、农业专家团队及资金优势，帮助雨核村和3个结对帮扶村合作社发展村级集体经济，因地制宜发展特色产业，带动当地老百姓增收致富。二是抢抓现代物流发展机遇提升推动"黔货出山"的能力。集中精力落实好"1+3"运行体系战略发展规划，积极争取政策支持和市场认可，以脱贫攻坚大决战为契机，拓宽产业面、延伸产业链，努力铺好"黔货出山"之路，变挑战为机遇，转劣势为优势，快速高质地建设好贵州现代物流体系，通过抢抓机遇、创新发展，努力提高"黔货出山"，助力脱贫攻坚与乡村振兴无缝衔接。

B.11
2019年磷化集团党建促脱贫工作报告

廖昌海*

摘　要： 磷化集团利用企业技术优势、人才优势、资金优势，对榕江县、关岭县进行多元化扶贫，采取"N+1"（即多个基层党组织帮扶一个贫困村）方式确保扶贫成效；教育、就业一体化增强扶贫内生动力，切断贫困代际传递；运用瓮福"福农宝"大数据平台提供现代农化服务，提升扶贫效益；利用技术优势精准施肥、确保扶贫质量。

关键词： 磷化集团　党建　脱贫

一　企业基本情况

贵州磷化集团由开磷股份集团、瓮福集团合并组建于2019年6月，是由贵州省100%出资组建，持有贵州省政府在瓮福集团、开磷体系的开磷股份公司以及其他公司的股权，为省管大一型独资企业，"两磷"（开磷股份集团、瓮福集团）成为贵州磷化集团旗下的子公司。

贵州开磷控股（集团）有限责任公司的前身为成立于1958年的

---

* 廖昌海，贵州省社会科学院研究实习员，研究方向：马克思主义政治理论。

贵州开阳磷矿，是"二五"期间重点建设的全国三大磷矿石生产基地之一。开磷现已成为集矿业、磷化工、煤化工、贸易物流、建设建材、氯碱化工、氟硅碘化工、物业服务等多元产业为一体的现代化大型企业。开磷矿区为国家规划矿区，矿产资源丰富，探明储量11亿吨之多，具有磷矿资源储量大、品位高、有害杂质少、重金属元素含量极低的特点，开阳磷矿地区的优质磷矿在全国行业影响力大、美誉度高。

瓮福成立于"八五""九五"期间，其初衷是保障国家粮食安全和填补国内高浓度磷复肥的空白。1990年开工，经过10余年的建设，2001年正式运营投产，2008年实行债转股改制由贵州宏福实业开发总公司更名而成。经过20多年的发展，瓮福已成为集磷矿采选、磷复肥、精细磷化工、科研、贸易、硫煤化工、氟碘化工生产、国际工程总承包、现代农业产业、环保技术输出为一体的大型国有企业。形成了以贵州福泉为核心，四川达州、甘肃金昌、福建上杭为支撑的四大生产和研发基地。在贵州、黑龙江、广西等粮食、经济作物主产区建有现代农业服务基地，在新加坡、澳大利亚、沙特、泰国、突尼斯等国设有国际贸易、金融、工程服务分支机构。

贵州磷化集团总资产达900余亿元，员工近2万人，2019年销售收入600多亿元，集团规模在全国磷化系统排名第一，与国内外30余所科研院所建立了合作关系。

二 抓党建促脱贫工作情况

2015年贵州磷化集团积极响应省委、省政府的号召，开始对榕江县开展结对帮扶工作。至2020年，磷化集团认真研究帮扶措施，重点从产业、教育、党建等方面对榕江县和关岭县进行真情实意的帮扶，并取得显著成效。

（一）着力推进党建帮扶

2015年贵州磷化集团积极响应省委、省政府号召，开始对榕江县开展结对帮扶工作，贵州磷化集团5个基层党委结对帮扶榕江县12个贫困村，竭尽所能为村里带来可用资源，改善村里基础设施，带领当地群众走向脱贫增收路。磷化集团高度重视党建扶贫，坚持党委领导、党政合力的原则。在党委统筹下，认真履行政治责任，与榕江县委组织部签订了党建帮扶协议，采取"N+1"（即多个基层党组织帮扶一个贫困村）帮扶措施，落实驻村人员"6+1"待遇，充分利用党费进行帮扶，捐赠修建了三都自治县马尾绣文化博物馆。

2020年2月10日、3月31日，贵州省分别召开决战决胜脱贫攻坚誓师大会和"冲刺90天打赢歼灭战"动员大会。省委要求坚决打好最后歼灭战，挂牌督战集中力量攻克堡垒，确保不折不扣完成剩余脱贫任务，要以按时高质量打赢脱贫攻坚战的实绩诠释对党的绝对忠诚。

（二）着力推进产业帮扶

产业发展是实现脱贫致富、推动乡村振兴的治本和长久之策。贵州磷化集团重视产业帮扶助推脱贫攻坚的重要作用，探索出了一系列产业帮扶的有力举措。

一是聘请国际知名咨询公司制定帮扶榕江县发展规划；二是确定发展产业；三是培养专业技术人员。根据专家建议和当地实际，确定榕江县的主产业为中药材种植，特色产业为香菇种植。为了充分发挥关岭县的资源优势，2019年集团投入1000万元资金帮助发展"关岭牛"和橡胶带产业，解决就业岗位500多个；助推关岭县猕猴桃和火龙果种植项目，为发展畜牧业提供化肥。助力"黔货出山"，在榕江县建设农业服务站，帮扶采购关岭县的农产品。下一步，将为榕江县进行直播带货,让榕江县的农产品走向世界。

为落实贵州省委、省政府关于加快推进"9+3"贫困县(区)脱贫攻坚的决策部署,贵州磷化集团以瓮福-榕江扶贫工作队、瓮福榕江开发有限公司为先锋,积极开展帮扶工作,结合当地实际实施百香果、罗汉果种植及生猪、鸡、鱼养殖项目,覆盖了榕江县2019年底未脱贫的2974户农户,极大地提升了当地群众脱贫致富的积极性,着力解决贫困户"一达标"(即收入达标)突出问题。

帮扶榕江、关岭县5年来,贵州磷化集团在榕江这片土地上,带领当地群众种蔬菜、种罗汉果,为当地群众送化肥、送种子、送技术。同时还在教育培训、就业安置、农化服务等方面倾力奉献,贵州磷化集团累计投入帮扶资金6500余万元,帮助榕江县10.7万人口脱贫。围绕榕江县脱贫攻坚目标任务,贵州磷化集团结对帮扶榕江县的瓮福-榕江扶贫工作队、瓮福榕江开发有限公司在集团党委的正确领导下,创新帮扶思路,精心规划,以产业帮扶为重点,配合榕江县开展土地整治,大规模调整产业结构,以"公司+合作社+农户"的模式在榕江县推广罗汉果、试验种植百香果。

通过推进百香果、罗汉果产业裂变式发展,进一步拓宽群众增收渠道,为脱贫攻坚提供有力的产业支撑。与此同时,磷化集团还选派专员会同省政协挂牌督战脱贫攻坚工作,并根据省政协工作安排,提供帮扶资金1200万元,开展生猪、鸡、稻田鱼养殖,项目对榕江县2019年底未脱贫的2974户进行全覆盖。2019年,集团在榕江县免费发放了1400余头猪苗,让当地贫困户获利。2019年,榕江县罗汉果种植规模达到1000亩。瓮福-榕江扶贫工作队聘请技术人员常驻榕江县开展种植指导工作,产品由平台公司保价回收,形成一个从种到收的全产业链条,确保老百姓增收。2019年,榕江县的罗汉果产业实现产值800余万元,带动600余贫困人口创收。

当前脱贫攻坚已进入最后总攻阶段,瓮福-榕江扶贫工作队、瓮福榕江农业开发有限公司将奋力冲刺，同时间赛跑、与贫困较量，进一步抓紧、抓实、抓细各项工作，坚决夺取最后总攻的全面胜利。

（三）着力推进教育帮扶

教育是重视人口素质问题、切断贫困的"代际传递"最有效方式，是解决贫困最根本方法。瓮福集团公司人力资源管理部、瓮福-榕江扶贫队，榕江县人力资源社会保障局、就业局及生态移民局相关人员在榕江县举行了瓮福-榕江就业扶贫车间建设联席会，标志着瓮福-榕江2019年"就业扶贫"工作正式启动。

摸清扶贫县贫困家庭适学青少年文化水平，根据贫困家庭一人就业，全家脱贫的指导思想，2016~2020年，有针对性开设"瓮福-榕江机电一体化定制班""瓮福-榕江现代学徒制精准脱贫班"中职班和高职班，用新的人生理念改变他们的认识，丰富他们的知识，强化他们的谋生技能，进而增强他们的竞争力，坚定他们改变自身命运的信心和勇气，使他们完成自身能力的"脱贫"。在校期间，解决贫困家庭孩子技能贫困、思想贫困的现实问题，培训出来的贫困家庭孩子分配到各个企业，进行"传帮带"岗位实践锻炼，帮助其能待得住、待得下来。

五年来，共培训贫困家庭3000多人，公司将采取公开招聘的方式，招录100名符合岗位条件的榕江县籍人员到公司一线操作岗位工作。

B.12
抓党建促扶贫 决战决胜脱贫攻坚战
——贵州乌江水电公司扶贫责任履行报告*

赵燕燕 覃媛**

摘　要： 贵州乌江水电开发有限责任公司积极推进基层党建工作与精准扶贫工作深入对接融合，通过压实责任、建强队伍、狠抓作风，以党建引领扶贫、以扶贫助力党建，在消费扶贫、项目落实、挂牌督战、超前谋划上精准发力，不断探索国有企业与贫困地区经济社会发展实际相适应的扶贫工作路径，脱贫攻坚工作取得了显著成效，积极履行了国有企业的扶贫责任。

关键词： 乌江水电　党建促扶贫　扶贫责任

一　企业简介

乌江水电开发公司是 1992 年 10 月国家借鉴国际水电开发成功经验组建的第一家流域水电开发公司，经营管理、开发建设乌江干流贵州境内河段梯级水电站。1999 年，乌江水电开发公司改制为贵州乌

---

* 本报告主要根据贵州乌江水电开发有限责任公司提供的材料撰写。
** 赵燕燕，贵州省社会科学院马克思主义研究所助理研究员，研究方向：马克思主义中国化；覃媛，贵州乌江水电开发有限责任公司构皮滩发电厂党建工作部副主任。

江水电开发有限责任公司（以下简称乌江公司），2007年，乌江公司与华电贵州公司进行管理整合，2011年，乌江公司完成对华电集团在贵州区域的火电资产整合工作，收购原华电贵州公司所有资产，成为一家主要从事水电、火电、新能源开发和经营管理的综合能源企业。乌江公司资产总额562.37亿元，共拥有24家基层企业，其中水电企业8家，火电企业5家，新能源企业1家，发电装机1334万千瓦（水电869.5万千瓦，火电450万千瓦、光伏14.5万千瓦），清洁能源装机占比66.25%，是贵州省清洁能源装机占比最大的发电企业。

二 主要做法

2015年，贵州省委办公厅、省政府办公厅印发《关于动员国有企业结对帮扶贫困县推进整县脱贫的指导意见的通知》，全面部署了国有企业结对帮扶贫困县的具体工作，明确乌江公司结对帮扶沿河土家族自治县。乌江公司始终把脱贫攻坚作为"十三五"时期的头等大事和第一民生工程，党委积极探索基层党建工作与精准扶贫工作深入对接融合，以党建引领扶贫、以扶贫助力党建，不断完善与贫困地区经济社会发展实际相适应的扶贫工作机制。至2020年，乌江公司累计投入扶贫资金7000多万元，发展扶贫项目63个，实现5000余户20000余贫困人口利益联结，脱贫攻坚工作取得了显著成效，积极履行了国有企业扶贫责任。2019年，乌江公司被中国红十字总会授予"中国红十字人道勋章"，在贵州省年度扶贫工作考核中被评定为"优秀"等次。

（一）压实责任，激发打赢脱贫攻坚战内生动力

民心是最大的政治，抓党建促脱贫，就是把人民对美好生活的向

往作为自己的奋斗目标。乌江公司党委深入学习贯彻习近平总书记关于扶贫工作的重要论述，按照党中央和国务院关于坚决打赢脱贫攻坚战的决策部署，认真贯彻落实集团公司和贵州省委省政府关于开展扶贫工作的部署要求，把脱贫攻坚工作列入公司年度重点工作、列入年度"十大工作目标"、列入"不忘初心、牢记使命"主题教育，提高政治站位，加强组织领导，明确目标任务，制定具体措施，强化工作作风，扎实推动各项任务落实落地。乌江公司成立扶贫工作领导小组、挂牌督战领导小组，由党委书记、董事长任组长，3名班子成员担任副组长，相关职能部门和单位主要负责人为成员，下设领导小组办公室，制定工作规则，落实具体责任，形成"一把手"亲自抓，分管领导具体抓，职能部门、基层单位、驻村干部齐抓共管的良好格局。"十三五"期间，乌江公司与沿河县委、县政府每年定期或不定期地召开13次工作联络会，及时深入研究商议年度帮扶工作方案及各项帮扶事宜，乌江公司扶贫工作领导小组先后43次深入贫困村和帮扶项目点，开展调研和慰问走访，确切掌握帮扶地群众的发展意愿，指导驻村干部、当地困难群众解决实际困难。乌江公司各职能部门、承担扶贫任务的基层单位开展现场调研指导共计472人次，鼓励全体扶贫干部坚决贯彻落实党中央脱贫攻坚重大决策部署，坚决做好"两不愁三保障"的扶贫工作，坚持"四个不摘"，以党建引领脱贫攻坚走向胜利。

（二）建强队伍，凝聚打赢脱贫攻坚战发展合力

村民富不富，关键看支部；村子强不强，关键看"头羊"。乌江公司党委驻村干部通过树立"支部建在连上"和"一切工作到支部"的鲜明导向，增强定点帮扶村"两委"建设，帮助健全完善村"两委"议事规则、党支部目标化管理等制度，提高村级组织规范化、制度化水平。2015年至2020年，乌江公司共选派22名高素质能吃苦重实干

的驻村干部蹲点帮扶沿河县4个定点帮扶村。截至目前，仍在驻村扶贫一线人员12人，其中驻村干部4人，驻村督战队员8人。

壮大贫困村党组织队伍。驻村干部帮助指导沿河县3个帮扶贫困村的3个党支部换届选举，2015年乌江公司党委对口帮扶沿河县复兴村后，仅用1年的时间完成了该村省级"软弱涣散"党支部的摘帽工作，村党组织队伍不断壮大。

提升村党组织战斗力。乌江公司驻村队伍积极筹措资金，资助帮扶村建设党员活动中心、党建宣传栏，完成办公场所电脑、投影仪设备配备，购买各类党员学习书籍，协助村党组织开展支部"三会一课"、主题党日等活动，切实提升农村基层党组织战斗力。2017年以来，乌江公司机关党委、沙沱发电厂党委所属11个党支部220多名党员，结对复兴三个贫困村开展党建扶贫工作，截至2020年6月30日，已有50余名党员前往3个村开展4次走访慰问，结对帮扶贫困户42户，慰问村小学3所，慰问贫困学生125人，发放生产生活帮扶资金10余万元。

（三）狠抓作风，筑牢打赢脱贫攻坚战坚强保障

2018年，习近平总书记主持召开中共中央政治局会议，审议《国家乡村振兴战略规划（2018~2022年）》和《中共中央国务院关于打赢脱贫攻坚战三年行动的指导意见》，会议明确指出：要着力加强扶贫领域作风建设。乌江公司深入贯彻落实会议精神，把脱贫攻坚作风建设摆在突出位置，用作风建设的成果促进各项扶贫举措的落实，主要领导坚持重大事项亲自安排部署，重要环节亲自协调，重点工作亲自过问，难点问题亲自督办，分管领导统筹协调，推动各项安排部署得到有效落实。一是对照问题深入剖析，循因施策，切实加以整改落实，加强对扶贫资金使用及项目安排、实施、验收等环节监督，通过与帮扶县签订扶贫捐赠协议，明确由沿河县对所接收的捐赠

资金进行登记造册,建立资金使用台账,做好相关记录。二是针对帮扶资金具体安排、使用、管理、监督,制定帮扶资金廉洁风险防控措施,确保帮扶资金按照协商的范围使用,审批程序和使用合理合规。乌江公司与沿河县协商制定了项目实施情况月度报表,按月向公司通报会议决策、项目进展、资金使用、贫困户获益等情况。三是重视加强驻村干部教育管理,不定时地召开驻村干部专题座谈会,强化思想认识和作风要求,派出的驻村干部均能做到遵规守纪、恪尽职守、敬业奉献,积极宣传党的扶贫政策,帮助加强和改进村级组织建设,带动和激发村民发家致富的积极性、创造性。四是支部开展脱贫攻坚主题党日活动,深入贫困地区,以"脱贫攻坚"为主题,通过组织贫困群众参观企业车间,了解企业发展状况以及党员向贫困学生送温暖等方式,让贫困群众感受到一个央企在为国家创造大量经济效益的同时,对社会的责任与担当,对扶贫工作的重视与用心。

(四)消费扶贫,助力对口帮扶贫困户脱贫增收

2020年4月,乌江公司组织系统内16家基层单位的采购代表与贵州沿河洲州茶业有限责任公司、贵州沿河武陵春茶业有限公司、沿河江农土家特产电子商务有限公司、贵州省隆熙商贸公司等企业现场签订茶叶订单;2020年5月,沙沱发电厂党委代表乌江公司与沿河县扶贫办现场签订农特产品采购协议,通过"消费扶贫"的方式带动茶产业发展助力沿河脱贫攻坚取得实效,用实际行动践行企业责任和担当。乌江渡发电厂在食堂吧台销售果蔬、大米、菜油、土蜂蜜等农产品为贫困户"带货",组织职工积极开展消费扶贫,仅2019年,乌江渡发电厂消费扶贫金额达90余万元。

(五)落实项目,推进贫困地区经济高质量发展

乌江公司为如期实现沿河县脱贫摘帽任务,狠抓脱贫攻坚产业帮

扶项目，有效推进贫困地区经济社会高质量发展。2016年，按照贵州省、毕节市、大方县扶贫工作的有关要求，贵州大方发电有限公司（以下简称大方公司）积极响应"千企帮千村"的号召，投入资金总额100万元，结对帮扶小屯乡脱贫攻坚。在帮扶工作中，大方公司与小屯乡党委政府密切配合，坚持做到因村施策，因户施策，确保了帮扶工作成效。大方公司出资60万元重点建设帮扶贫困村民生项目工程，进行路灯安装等贫困村基础设施建设，发展社会事业，改造农民破旧房屋、改善群众生产生活环境，改变贫困村村容村貌；出资购买马铃薯种子，免费发放给贫困农户，发展马铃薯种植为贫困户创收；出资开展蔬菜育苗基地基础设施建设，发展蔬菜种植300亩，并采取专业合作社+基地+农户的运营模式，捆绑贫困户17户67人。沿河县中寨镇"白叶一号"茶园基地是习近平总书记批示的安吉县黄杜村先富带后富茶园示范基地，是乌江公司结对帮扶沿河县2019年重点实施产业帮扶项目。为帮助沿河县更好地推进茶园规划、种植，茶叶加工、销售及茶产业发展，发挥在脱贫攻坚中的带动作用，乌江公司筹划组织了省茶界有关专家学者到现场了解茶园基地管护和发展情况，就病虫害防治、基地管护、加工、市场、文化建设以及在管护中注意的有关事项等开展智力帮扶。乌江公司围绕中寨镇茶产业发展，集中力量，集中优势，重点突破开展帮扶，扎扎实实助力沿河县脱贫攻坚。沿河县土家族自治县淇滩镇和平村2017年帮扶项目是思林发电厂助推淇滩镇和平村的重要举措，该帮扶项目包括淇滩镇和平村枕子头及学堂湾自然寨人畜饮水、青岗元组串户路3公里硬化、乌江中业希望小学校园亮化3个工程以及2018年春节弱势群体慰问共4个部分，思林发电厂党委按照会议讨论、认真调研、综合施策、严格监督的步骤，有条不紊精准实施该扶贫项目，确保高质量、高标准完成项目工程。威宁板底光伏扶贫项目由贵州华电威宁新能源有限公司负责项目建设实施。项目位于贵州省毕节市威宁县板底乡境内，属于典型的山地光伏电站工程，项目设计年平均发电量为10.53万千瓦时，按照光伏扶贫每年每户最低3000元的扶贫标准，该电站可以解决30户贫困居民的扶贫问题。2017年12月28日17时，乌江公司出资捐建的威宁县板底乡分布式光伏扶贫项目完成安装调试并顺利并网发电。

（六）挂牌督战，集中力量推动沿河县脱贫摘帽

乌江公司2020年对沿河县3个乡镇8个村实行挂牌督战，通过"真督实战、真帮实扶"，集中力量助力沿河县脱贫摘帽。按照"点面结合、上下联动、分级挂牌、责任到人"的方式，乌江公司组建了挂牌督战工作组，与乡镇、村脱贫攻坚指挥部一起找问题、补短板，内容涉及"三保障"、饮水安全、产业发展、老旧住房拆除及复垦、复绿等方面问题。特别是在扶贫产业项目上，密切关注辣椒、生态鸡、生猪代养、食用菌（黑木耳）四大主导产业进展情况，帮助解决资金短缺、项目调整以及进度缓慢等问题和困难，做好贫困群众就业工作等。乌江公司通过集中力量，多措并举开展督战工作，有效助力沿河县在同年6月30日实现整县脱贫摘帽。

（七）超前谋划，实现脱贫不返贫无缝对接乡村振兴

乌江镇坪塘村建档贫困户共187户640人，近年来，乌江渡发电厂通过产业帮扶、消费扶贫、结对帮扶、志愿服务等方式，已于2019年底帮助坪塘村完成脱贫摘帽。2020年是全面打赢脱贫攻坚战的收官之年，乌江渡发电厂于6月份成立脱贫攻坚调研组，深入乌江镇坪塘村田间地头，调研"农企合营"蔬菜基地和其他2020年帮扶项目进展情况，结合坪塘村实际开展下阶段帮扶工作的精准规划，为下一步充分利用国有企业的资源和优势帮助坪塘村争取更多发展机会和产业项目做足准备，助力贫困村脱贫不返贫，早日实现乡村振兴目标。

三 下一步工作打算

乌江公司通过持续深化"党建+扶贫"工作体系，强化党建引领，基层党组织战斗堡垒作用和党员队伍先锋模范作用得到进一步提高，为助力沿河县脱贫提供了坚实保障。下一步，乌江公司将在贵州省委、省政府的统一领导下，攻坚克难、全力以赴，持续推动扶贫产业项目实施，做好脱贫地区产业发展规划，进一步有效利用国有企业的资源和优势，积极探索以党建促发展、以党建谋振兴的国有企业社会责任履行路径。

专题篇

Special Reports

B.13
贵州国有企业帮扶深度贫困县脱贫攻坚经验及启示

郭 丽[*]

摘 要： 2020年是全面建成小康社会之年，是以习近平同志为核心的中国共产党庄严承诺兑现之年。贵州省国有企业自2015年起，围绕省委、省政府脱贫攻坚中心任务，迈入14个深度贫困县的脱贫攻坚战场，勇挑重任，以党建为引领、产业脱贫为关键、就业为保障、教育为根本、基础设施建设多元叠加扶贫模式成效明显，成为贵州脱贫攻坚战场上的一支主力军，在全省脱贫攻坚战役中贡献了力量，彰显了国有企业人民性的本色，切实履行脱贫

---

[*] 郭丽，贵州省社会科学院马克思主义研究所所长、研究员，研究方向：国有企业社会责任、基层党建、公共管理。

攻坚的社会责任，将国有企业党建工作的政治优势、组织优势和群众工作优势，转化成为乡村振兴可持续发展的能力。

关键词： 国有企业　社会责任　脱贫模式

引　言

2014年3月7日，习近平总书记参加十二届全国人大二次会议贵州代表团审议，对贵州扶贫工作做出重要指示："扶贫开发工作抓紧抓紧再抓紧、做实做实再做实；要创新发展思路，发挥后发优势；让绿水青山充分发挥经济社会效益……"① 自此，贵州全省上下一致努力，把习近平总书记的重要指示化为脱贫攻坚、后发赶超的方向和动力，坚决守好发展和生态两条底线，决战脱贫攻坚、决胜同步小康。国有企业在省委、省政府的号召下，主动作为，担当起深度贫困县脱贫攻坚重任，在贵州省脱贫攻坚历史上抒写浓墨重彩的一笔。

一　背景分析

2015年，习近平总书记在中央开发扶贫工作会议上指出："消除贫困、改善民生、逐步实现共同富裕，是社会主义的本质要求，是我们党的重要使命。全面建成小康社会，是我们对全国人民的庄严承诺。脱贫攻坚战的冲锋号已经吹响。我们要立下愚公移山志、咬定目标、苦干实干，坚决打赢脱贫攻坚战，确保到2020年所有贫困地区

---

① 《决战脱贫攻坚奋力后发赶超——贵州落实习近平总书记全国两会重要讲话精神纪实》，新华网，http://www.xinhuanet.com/2019-02/16/c_1124123779.htm，2019年2月16日。

和贫困人口一道迈入全面小康社会。"① 将"扶贫攻坚"改成"脱贫攻坚",掀起中国共产党反贫困新篇章。

2015年,贵州省委、省政府积极响应习近平总书记的嘱托,省委办公厅、省政府办公厅印发了《关于动员国有企业结对帮扶贫困县推进整县脱贫的指导意见》(以下简称《意见》),《意见》动员12家国有企业,对帮扶扶贫开发任务重的贫困县②。12个国有企业立即采取行动,狠抓落实,结对帮扶工作取得积极进展,吹响了国有企业脱贫攻坚的冲锋号。

2017年3月,贵州省人民政府又出台了《关于调整新增国有企业结对帮扶重点贫困县脱贫攻坚的通知》(黔府办函〔2017〕37号),在确保12户国有企业结对帮扶12个重点贫困县不变的基础上,调整新增6户国有企业帮扶6个重点贫困县(含册亨县)。③

2017年11月15日,贵州省人民政府办公厅印发《关于新增国有企业结对帮扶贫困县脱贫攻坚的通知》(黔府办函〔2017〕198号),在确保18家国有企业结对帮扶17个贫困县(其中12家国有企业结对帮扶11个深度贫困县)不变的基础上,经省人民政府同意,新增3户国有企业帮扶3个贫困县,实现国有企业结对帮扶对14个深度贫困县全覆盖,④为14个深度贫困县经济社会发展注入强劲动力。自此,贵州国有企业社会责任履行方向与党中央、省委、省政府的中心任务具有高度一致性,社会责任的履行方式真正从"输血"向"造血"转变。

---

① 习近平:《脱贫攻坚冲锋号已经吹响 全党全国咬定目标苦干实干》,中国新闻网,http://www.chinanews.com/gn/2015/11-28/7646249.shtml,2015年11月28日。
② 《贵州银行:帮扶丹寨最重要的是用心》,人民网—贵州频道,http://gz.people.com.cn/n2/2018/1213/c372080-32406819.html,2018年12月13日。
③ 贵州省人民政府网站,http://www.guizhou.gov.cn/zwgk/zcfg/szfwj_8191/qfbh_8197/201710/t20171027_1078475.html,2017年3月27日。
④ 贵州省人民政府网站,http://www.guizhou.gov.cn/zwgk/zcfg/szfwj_8191/qfbh_8197/201712/t20171205_1084432.html,2017年11月15日。

二 主要做法及成效

国有企业按照"县企合作、互利共赢、优势互补、突出重点、攻坚脱贫、同步小康"的原则,充分发挥国有企业优势,因地制宜,形成"1+N"多元化脱贫攻坚模式,助推深度贫困县到2020年全面脱贫"摘帽",贫困人口全部脱贫。

(一)建立"四级"党建引领脱贫攻坚的领导格局

深度贫困县是贫中之贫,困中之困,贵州省国有企业在省委、省政府的领导下,建立"四级"党建扶贫,形成"四级"联帮联助的工作机制。一是贵州省国有资产监督管理委员会成立国资委党委脱贫攻坚领导小组,统筹协调系统国有企业脱贫攻坚工作。2019年11月,省委组织部、省国资委联合印发了《关于组织开展国有企业结对帮扶2019年扶持壮大村级集体经济试点村的工作方案》,将脱贫攻坚视为政治任务和民生工程。二是建立国有企业"四级"帮扶组织体系,脱贫攻坚领导小组。各个国有企业成立党委书记、董事长任组长,其他班子成员任副组长,部门负责人、子公司负责人为成员的脱贫攻坚挂帮工作领导小组,基层党支部书记与驻村第一书记确保脱贫攻坚组织保障。三是健全制度与机制。建立健全专题制度、报告制度、例会制度、议事制度和信息管理制度、档案管理等制度。由国有企业党委班子召开专题例会,集中研究脱贫攻坚工作中的重点和难点问题,将脱贫攻坚与企业主营业务联系起来,同部署、同督促、同落实,统一思想,凝聚共识,大大提高脱贫攻坚效率。

(二)坚持目标和结果导向,因地制宜进行脱贫攻坚顶层设计

国有企业党委统筹脱贫攻坚,坚持问题、目标与结果导向相挂

钩的脱贫攻坚思路，党委班子成员深入县、乡、村调研，"精准把脉"，因地制宜，制订合理科学的脱贫攻坚方案。茅台集团确定了金融撬动、交通拉动、产业带动、党建联动、人才驱动、教育推动"六动"扶贫模式，全面动员、全员参与，把道真县的脱贫与茅台集团的发展系在一起。① 瓮福集团借助"外脑"，分别邀请麦肯锡、安永、北大资源等国内外咨询机构赴榕江县调研，为榕江县实现经济社会发展"把脉会诊"，找准扶贫切入点和结合点。盘江煤电集团运用系统性、整体性思维方式，整合资金、技术、骨干人才结合赫章县的实际情况，制定赫章帮扶5年规划，拟定帮扶计划表和项目清单。云上贵州大数据（集团）有限公司党委书记、董事长亲自建立"确保按时打赢脱贫攻坚战"微信群，将集团领导班子成员、中层干部、二级子公司党委负责人、党支部书记、驻村干部纳入群众，随时听取汇报，及时研究部署工作，公司上下形成团结一致打赢攻坚战强大气势。贵州路桥集团经过1年多的调研，总结出帮扶的加勉乡找准就业是立竿见影的脱贫工作思路。加勉乡建立了自己施工队伍，成为路桥集团项目建设队伍中的一分子，成为贵州省交通系统中规模最大、建制最成熟、队伍最稳定、技能最有保障的由贫困群众组成的专业公路工程施工队伍。贵州乌江水电开发有限责任公司多次深入沿河县调研，与沿河县委、县政府建立沟通协商机制，了解沿河县帮扶需求，精准施策。

（三）构建多维立体式的扶贫方式，强力注入经济发展动力

国有企业本着因地制宜和可持续发展的扶贫思维，采取多元叠加的扶贫方式，多管齐下"组合拳"出击，成效显著。一是产业扶贫+就业扶贫。产业脱贫是以市场为导向的内生发展机制，能有效促

---

① 《帮扶道真满5年，茅台集团书写扶贫精彩篇章》，环球网，https：//capital. huanqiu. com/article/9CaKrnKr8YU，2020年5月26日。

进贫困个体家庭于贫困地区协同发展、根植发展基因，激活发展动力、阻断贫困发生。按照贵州省委、省政府关于"上规模、强龙头、创品牌、带农户"的总体要求，贵州省国有企业发挥企业优势，围绕各个深度贫困县实际，因地制宜采取各种产业扶贫。盘江煤电集团建立赫章康兴扶贫开发有限公司，探索出了一条"市场思维抓扶贫、共建共享共发展"及"做示范、树品牌、带农户"的帮扶新路。贵州中烟公司依托行业优势，定向收购晴隆县烟叶5000担，调整烤烟种植2000亩。贵州乌江水电开发有限责任公司在沿河县探索出建设玫瑰、蔬菜、食用菌、农业产业示范园等产业扶贫项目，以产业项目为依托，就地、就近培训群众，解决贫困人口的就业问题。二是教育扶贫。脱贫攻坚既要扶智也要扶志，既要"输血"更要"造血"，建立造血机制，增强致富内生动力，防止返贫。从2015年起，瓮福集团与贵州省职业技术学院实行"校企"合作，根据自身生产经营需要，开设"瓮福榕江现代学徒制精准脱贫班""瓮福榕江机电一体化订制班"，帮扶榕江县1000名以上困难学生提升技能，优先录用符合条件的贫困学生就业，发挥集团公司优势，将教育与就业内部消化，建立"教育＋就业扶贫"方式。中国建设银行贵州分行依托"建行大学·裕农学堂"项目将业务开展到田间地头，因地制宜根据威宁县实际举办特色的金智惠农培训，实现了"裕农通"服务点在乡村的全覆盖；建立"成长计划"奖学金。除此以外，贵州电网公司采取科技扶贫，贵州农行采取金融知识培训等教育扶贫方式。三是金融扶贫。金融扶贫是利用银行信贷资金或者与国内外金融机构合作，从事产业开发，改善贫困地区、贫困农户生产生活条件的一种扶贫方式。农行贵州分行把增强贫困地区发展能力作为重点，以优势特色产业为切入点，立足从江县"4＋1"产业发展规划，在调研基础上制定《贵州分行2017～2020年互联网金融服务"三农"业务发展规划》，创新推出"从江产业扶贫贷""惠农e贷"等产品支持发展特色产业，

以优势产业站稳市场，立足实际，从倾斜扶贫资源配置、化解历史债务、开展融智工作等方面多维度开展整县帮扶，做出了"一倾斜、三优先、两鼓励"的制度性安排。① 在小丑村发放了全省第一笔"脱贫成效巩固提升e贷"，有力支持当地产业发展。2018年，在全省国资委国有企业及中央在黔企业2019年度定点扶贫工作考核中，农行贵州省分行结对帮扶"从江县继2018年后再次获得满分"，也是全省唯一一家蝉联满分的国有大型商业银行金融机构。四是基础设施建设扶贫。《中共中央国务院关于打赢脱贫攻坚战三年行动的指导意见》（以下简称《指导意见》），提出"实现贫困地区基本公共服务主要领域指标接近全国平均水平"② 的总体要求，各个国有企业将深度贫困县制约经济社会发展的基础设施建设纳入脱贫攻坚任务中。国家电投集团贵州金元公司对其帮扶的纳雍县确立"交通推动、产业带动、人才促动"的帮扶思路，以交通为先导，改善300多名学生上学的交通条件，解决10191名群众安全饮水，援建文化广场、健身广场与文化培训中心等服务设施。贵州电网"十三五"期间投资2.037亿元，解决对口帮扶农村用电难问题，并对其帮扶的紫云县的12个中心村配电设施进行整体升级改造。贵州中烟工业有限责任公司投资900万元扶贫资金，为晴隆县文丰村修建和硬化连接青龙、长冲、荒地、塘边寨、大树等10个村民组的10条通村联组道路，极大地改善

---

① 《农行贵州分行定点帮扶从江交出满分答卷》，新华网—贵州频道，http：//www.gz.xinhuanet.com/2020-06/18/c_1126131490.htm，2020年6月18日；"一倾斜"，即省分行每年按照贷款增幅高于全省农行3个百分点的原则单独切块信贷规模和计划，满足从江县信贷投放需求。"三优先"，即开通信贷绿色通道，对于涉及从江县的重要信贷事项，省、州分行按权限优先受理、优先调查评估、优先审查审批。"两鼓励"，即鼓励州、县两级行立足实际，积极创新和推广金融产品，支持当地特色产业发展；鼓励探索林权抵押、农村土地流转抵押、宅基地抵押等担保方式，积极推动与从江县政府合作建立风险缓释基金等政府增信机制，解决金融扶贫担保难的问题。
② 《中共中央国务院关于打赢脱贫攻坚战三年行动的指导意见》，新华社，2018年8月19日，http：//www.gov.cn/zhengce/2018-08/19/content_5314959.htm。

了当地农户生产生活出行条件。贵州移动公司实现望谟县行政村4G网络全覆盖、乡镇4G网络深度覆盖、农村广覆盖的目标。2015~2019年底，贵州国企直接投入扶贫资金68.72亿元，帮助发展项目1943个，带动增收72.46亿元，解决就业人口205万人次，带动辐射人口数量297万人次，帮助脱贫人数47.74万人。[①]

三 主要经验

对于贵州脱贫攻坚的道路没有可供复制的现成方案，东部发展矛盾与贵州的贫困落后这一主要矛盾并不相同，发展的产业结构也不同，翻阅人类脱贫史，更没有可供借鉴的道路。国有企业帮扶深度贫困县更是没有可复制的道路，经过几年探索实践，在实践摸索中有以下几条经验值得总结。

（一）坚持党的领导是脱贫攻坚的保障

贵州国有企业发挥政治优势，以集团党委+县委、基层党委+乡镇、基层党支部+村、驻村干部+农户四级联动机制，由党委统一部署，定期召开脱贫攻坚专题会议、联席工作会议，召开驻村书记座谈会，全面推动落实脱贫攻坚任务，开展基层党委、基层党支部与深度贫困村"结对子"帮扶，实现深度贫困县、贫困乡镇、贫困村、贫困人口全覆盖，彰显党委政治核心作用和领导核心作用。选派优秀干部到深度贫困县挂职，派驻村第一书记，组织国有企业将企业技术骨干、专家团队、管理人员深入扶贫一线，深入掌握一线情况，制订具体的帮扶工作方案、驻村第一书记管理办法等系列制度，确保国有企业组织优势发挥。

---

① 《贵州国企在脱贫攻坚中大显身手》，《贵州日报》2020年2月12日。

（二）坚持产业发展是脱贫攻坚的关键

产业扶贫主要是指在贫困地区或贫困群体中培育可持续发展的产业，通过产业发展让贫困者获得可持续性发展机会的一种扶贫模式。发展产业是实现脱贫的根本之策。产业兴旺，是解决农村一切问题的前提。国有企业充分利用企业自身的各类要素禀赋比较优势，特别是在生产技术、人才保障、资金管理、市场销售拥有的比较优势，立足企业与深度贫困县优势资源，按照"一县一业、一乡一特、一村一品"的指示精神，坚持以市场为导向、以经济效益为中心，选好见效快、效益好、带动力强的优势产业迅速做大规模，提高农业科技水平，提高农民科技能力。构建了县域培育主导产业树品牌、乡镇改善基础设施强环境、贫困户学技术强能力的立体式脱贫方式。

（三）坚持就业优先是脱贫攻坚的前提

增加就业是最有效、最直接的脱贫方式。国有企业将就业作为脱贫攻坚第一民生工程，牢固树立"一人就业，一家脱贫"的理念，将全省建档立卡贫困户作为首要条件，放宽用人招聘条件，采取"企业+学校+农户"的模式，大力开展订单、定岗、定向培训，推动"基础素质+就业素质+岗位技能"的培训方式，结合所从事的岗位，开展业务培训，提升适应岗位能力，以"产业+就业"的方式，解决贫困户就近、就地就业，在产业脱贫中，利用技术提升，增强贫困生存发展能力，解决贫困家庭有活干、有收入的生存问题。

（四）坚持教育提升是脱贫攻坚的根本

教育在脱贫攻坚中具有基础性、根本性的作用，是拔掉穷根、稳定脱贫的前提。接受教育是贫困家庭的希望，掌握技能是贫困家庭的基础。贵州国有企业以技能提升为目标，以职业教育为载体，提升农民的技能水平，增强其生存能力，加大其融入社会的本事，做到脱贫与防贫、返贫的有效结合，真正提高了贫困户自我脱贫的能力，从根本上解决了贫困户"造血"功能。

四 重要启示

贵州国有企业经历5年的探索实践，"产业＋就业＋金融＋教育"的多元叠加扶贫方式，为脱贫攻坚积累经验，为乡村振兴奠定了基础，成为贵州大地上履行社会责任的"先锋队"。

（一）立足实际是脱贫攻坚的前提条件

贵州深度贫困县贫困的共同点都是经济、社会、文化等多维落后，交通较为不便，在运输成本、管理成本、技术人才等方面都不具备优先条件，深度贫困县的根本问题是欠发达、欠开发，解决措施是发展经济，找准深度贫困县自身资源优势和独特优势，把握市场的需求方向，找准市场需求与产业经济的结合点，利用国有企业管理优势、技术优势、市场信息分析优势、产销对接优势，帮助深度贫困县有立足之地。

（二）多元帮扶是脱贫攻坚的重要手段

深度贫困相对于一般贫困，是自然条件、经济发展、社会文明、公共服务、民生水平较差的区域，以及贫困人口较大的居民的一种综合现象。在脱贫攻坚中需要针对经济、社会、文化等多方面进行多重扶贫，需要政治嵌入、经济嵌入、社会嵌入、文化嵌入"多管齐下"，综合施力，培养深度贫困县内生发展动力，培育深度贫困县本土基层党组织领军人才、技术人才、金融管理人才、市场营销人才，立体驱动深度贫困县内外发展动力，整合区域内外人才流动，组织稳定一批热爱农村发展的人才，扎根农村经济社会发展，脱贫攻坚成效才能真正得以巩固。

（三）人民至上是脱贫攻坚的终极目标

人民对美好生活的向往，就是我们的奋斗目标。① 深度贫困县是我们党更要关注和关心的对象，国有企业要将贫困户乃至残疾人弱势群体的生存与发展置于企业整个工作的中心地位，了解和关心他们的疾苦与困难，深入剖析深度贫困县发展瓶颈，主动融入省委、省政府扶贫构想，主动融会贯通，构建经济社会全方位发展体系，培植贫困人口的发展动力与实力，提高贫困人群参与本土经济社会发展的积极性，增强贫困人群的获得感、幸福感，促进经济效益、社会效益、生态融合发展形成良好态势。

---

① 《人民对美好生活的向往，就是我们的奋斗目标》，中国共产党新闻网，http：//theory.people.com.cn/n1/2018/0122/c40531-29779412.html，2018年1月22日。

B.14 贵州国资国企抗击疫情推进经济发展调研报告

魏 霞*

摘　要： 国有企业是中国特色社会主义的重要物质基础和政治基础，是党执政兴国的重要支柱和依靠力量。面对2020年初突如其来的新冠肺炎疫情，贵州国资国企充分发挥自身优势，在疫情防控和经济社会发展的大战大考中彰显了国企的责任和担当。但疫情暴露出一些国企在应对重大突发公共卫生事件存在的短板和不足。为此，要着眼长远，统筹抓好疫情防控、防止疫情反弹，抓好复工复产达产、降低不利影响，抓好改革发展、提高企业效益，抓好脱贫攻坚、彰显责任担当，努力为贵州经济高质量发展做出更大贡献。

关键词： 抗击疫情　经济发展　国资国企

2020年初，突如其来的新冠肺炎疫情对我国经济社会发展带来了前所未有的冲击，贵州国资国企广大干部职工坚决贯彻落实习近平总书记的重要指示精神和党中央的决策部署，切实把思想和行动统一到党中央和省委、省政府的要求上来，统筹推进疫情防控、复工复产

---

* 魏霞，贵州省社会科学院区域经济研究所研究员，研究方向：区域经济。

达产,扎实做好"六稳"工作,认真落实"六保"任务,在疫情防控和经济社会发展的大战大考中,彰显了"顶梁柱""主力军""压舱石""生力军""排头兵"的作用,为决战脱贫攻坚、决胜全面建成小康社会做出了重要贡献。

一 贵州国资国企抗击疫情推进经济发展基本情况

(一)在疫情防控中发挥"顶梁柱"作用

面对席卷而来的新冠肺炎疫情,贵州省国资国企闻令而动,各级党组织及时成立领导小组和工作专班,制订各项工作方案和应急预案,第一时间做出部署,逐级落实责任、层层组织动员、实行群防群治,严格贯彻落实中央和贵州省关于疫情防控的决策部署,坚决将疫情防控工作落细、落实,充分展现了国有企业的责任担当。

及时制定出台相关文件,确保企业生产经营和员工健康安全。省国资委制定出台《统筹抓好疫情防控和改革发展22条措施》《充分发挥党的组织优势统筹做好疫情防控期各项工作的通知》《关于明确监管企业在新型冠状病毒感染肺炎疫情防控工作中相关政策的通知》等文件,全面推动系统企业统筹抓好疫情防控和复工复产,确保了企业生产经营有序进行和员工身体健康、生命安全。

及时采购相关物资支持疫情防控。省国资委组织具有国外业务的茅台集团、七冶公司、磷化集团等企业,向国外市场采购急需的医用物资用于疫情防控,通过物资捐赠形式帮助缓解当时贵州医疗物资紧缺的情况,千方百计满足贵州省定点救治医院和疾控中心等重要场所、医务人员和群众需要。累计帮助监管企业和中央在黔企业协调解决所需防疫物资一次性医用口罩140.6万只、口罩片57.4万片。

支持和帮助基层党组织做好疫情防控。省国资委党委支持和帮助省国资委系统企业基层党组织做好疫情防控,划拨了700万元党费用于部分系统企业基层党组织疫情防控,其中620万元从管理的系统企业留存党费中划拨,80万元为配套省委组织部下拨的党费。动员全省国资系统13.3万名党员累计捐款1721万元,支持和帮助全国坚决打赢疫情防控阻击战。

组织捐款捐物支持疫情防控工作。疫情发生后,省国资委积极组织,系统企业积极响应,迅速行动,累计捐款1.86亿元,捐赠口罩117.8万只、医用手套5634双、蔬菜1870吨。其中,茅台集团向湖北省慈善总会和贵州省慈善总会分别捐款5000万元和3000万元。驰援武汉的贵州医疗救援队137名队员获茅台集团参股子公司华贵人寿赠送的总额6850万元保险、人均50万元保额。贵州银行切实提供优质高效的疫情防控金融服务,为疫情防控相关的业务开辟金融服务绿色通道,优先办理、随到随办。同时,向湖北省慈善总会捐款1000万元人民币。华创证券、首钢水钢集团分别向贵州省慈善总会、六盘水市红十字会捐款人民币500万元和200万元,专项用于新冠肺炎疫情防控工作。华润贵州医药有限公司积极向集团总部及相关生产企业协调采购防疫用品,其中隔离衣1000套、手套5000双、口罩10000只、防护手套10000双、抗病毒药物注射用炎琥宁500000支、注射用重组人干扰素60000支等,保障贵州市场的供应。

以实际行动积极投身疫情防控。南航贵州公司接到运送首批援鄂医疗队的重要保障任务后,大年初三连夜冒雪作战,紧急调配飞行资源,临时增开航班,选派飞行、客舱、保卫等一线部门业务骨干共同执飞,保障医疗援助队员顺畅出行。贵州电网都匀供电局城区分局10余名党员先锋队队员,先后到新型冠状病毒感染的肺炎定点救治医院黔南州人民医院、贵州医科大学第三附属医院、黔南州疾病预防控制中心等疫情防控单位,对用户供电设备进行专项检查,确保重要场所供电万无一失。中储粮集团贵州分公司迅速成立疫情防控工作领

导小组，多措并举确保人安、库安、粮安，随时做好疫情期间储备粮油应急动用保供稳价工作，切实保障全省粮油供应和市场稳定。盘江总医院、水矿总医院、首钢水钢医院共派出22名医务工作者赴武汉参加疫情防控工作，首钢贵钢医院派出7名医务工作者配合贵阳市有关部门在一线进行疫情排查。贵州电网、交建集团、高速集团、机场集团组织和招募500余名志愿者成立服务工作队，确保民航、机场、交通运输、通信电力等重要卡点的疫情防控排查和服务工作顺畅。高速集团积极做好过境应急救援物资车辆和医患人员转运车辆的运输保畅工作，累计为3729辆应急救援物资车辆提供绿色通道。同时，坚决落实国家关于免收高速公路通行费的政策，2020年第一季度免收通行费共计19.63亿元，有力支持实体经济的恢复。出版集团大力发挥宣传工作优势，出版《防护指南》，联合制作8种"防护知识挂图"，策划《贵州战"疫"情况》《逆行者》等图书。编译、制作苗语、布依语、侗语、彝语4种版本防疫须知，积极面向少数民族群众开展防控宣传。大数据集团组建了150余名专业技术人员的研发团队，全力投入"贵州健康码"的系统开发，仅用6天时间就完成了上线运行，为疫情期间省委、省政府利用大数据手段"外防输入、内防扩散"赢得了时间和主动权。贵州广电传媒集团紧急启动47个县4000多个村的应急广播系统，开通大喇叭4.2万个，为全省47处隔离病区、定点宾馆免费安装5134个机顶盒，免费提供有线电视及宽带接入服务，推出"有线电视免费惠民"活动、在电视节目中开设疫情防控专区，为党委政府部署疫情防控工作、普及防疫知识、组织群众发动群众参与群防群治、维护社会和谐稳定创造了有利条件。

（二）在复工复产达产中发挥"主力军"作用

贵州省国资国企按照中央和贵州省委、省政府的要求，一手抓疫情防控、一手抓复工复产达产。

成立领导小组及时推进监管企业复工复产。省国资委及时成立推进监管企业项目复工复产工作领导小组，下发省国资委2020年工作要点和15项重点工作任务清单，制定了10条政策措施，坚持目标导向，紧盯关键环节和重点领域，全面推动监管企业复工复产，坚决把耽误的时间抢回来，把遭受的损失补回来。全力做好融资服务保障，对重点医用物品和生活物资企业，对重点工业企业和重大建设项目等建立重点名单库并及时向银行机构发布，主动对接。全力以赴保持生产经营稳定运行，加强对疫情防控物资生产企业帮扶，鼓励企业用好援企稳岗政策，采取保留劳动关系、不裁员少裁员、缩短工时、轮岗轮休、调整薪酬、在岗培训等措施稳定工作岗位，努力降低疫情带来的不利影响。在防疫的同时，研究分析疫情对生产经营的影响，细化复工复产各项防疫措施，通过领导现场督导、协调资金支持、拓展融资渠道、协调解决防控物资、统筹兼顾谋划生产经营工作等，为企业排忧解难，有力推动企业复工复产达产，为"控疫情、保生产"奠定坚实基础。全面统筹生产经营工作，全力确保疫情防控与生产经营"两不误"，省国资委28户监管企业于2020年2月10日全部复工复产，切实发挥好国有企业"压舱石""稳定器"的作用。据统计，1~6月，28户监管企业累计实现营业收入2152.3亿元，同比增加105.2亿元，增长5.1%，实现了营业收入稳中有升。15户企业收入增长；利润总额持续增长：1~6月，28户监管企业累计实现利润348.0亿元，同比增加22.1亿元，增长6.8%。盈利企业16户；增加值、税金同比增加：1~6月，28户监管企业累计实现税金278.5亿元，同比增加12.2亿元，增长4.6%，结束了1~5月持续下降的状况。累计实现增加值803.8亿元，同比增加26.2亿元，增长3.4%。

及时做出相关工作部署打赢疫情防控阻击战。贵州省国资国企各级党组织全力集中各自优势资源和力量，迅速展开行动，加快推进常态化疫情防控中的达能达产工作，为坚决打赢疫情防控阻击战奠定基础，抢占先机。为做好复工复产，各企业及时加强对办公场所、生产车间等相对封闭的区域进行排查，加强内部清洁卫生管理，采取防护、消毒、通风等措施消除病毒传播隐患。认真做好职工体温检测，经排查出现发热等症状，立即前往指定医疗机构就诊，并按照防疫要求做好有关人员隔离、活动场所消毒、维稳等善后工作。对疫情期间有湖北经历的职工群众，或有从湖北返乡的亲友、子女，自离开湖北14天内要求做到自觉居家观察，不参与各种社交活动等。

医药企业紧急投产确保物资供应。黔晟国资公司下属省药材公司紧急投产口罩生产线项目，全力解决口罩紧缺的困难，党员干部加班加点在一线奋战，确保日产16万只口罩生产任务，有效解决了贵州省内对口罩的需求。

交通运输企业为疫情防控保驾护航。贵州机场集团公司在贵阳机场配备3台远红外线人体测温仪、40台手持式体温测试仪、2台发热病人专用转运救护车，抽调52名工作人员，在航站楼24小时为旅客进行体温测试，机场急救中心配备医生、护士、后勤人员共计31人待命，按照疫情防控要求，在1号航站楼国内到达、国际到达119远机位，2号航站楼国内到达出站口，2号航站楼出港大厅安检待检区等4个重点区域设置旅客隔离区域，供医救人员检测和发热旅客隔离。组织保洁公司每日对航站区厅面、办公区、卫生间、廊桥、电扶梯、手推车等进行整体消毒，每日消毒6次，为疫情防控工作顺利开展打下坚实基础。贵州高速集团统筹集团疫情防控工作，采购口罩、体温计、消毒液、酒精等物资，做好工作环境的消毒杀菌，督促过往司乘、旅客佩戴口罩，积极联系地方政府，在收费站、服务区（停车区）设置疫情检疫站，配合做好疫情检疫工作。

煤电企业确保电煤保供和应急落实到位。煤炭是贵州省能源保障的基础支撑，盘江煤电集团充分发挥国有煤矿表率作用，在疫情防控严峻形势和确保疫情防控及安全的前提下，主动担当作为，全力抓好电煤生产，确保电煤保供和应急储煤调度落实到位，推行电煤保供"日调度、旬通报、月考核"机制，统筹协调做好战疫情、抓安全、促生产、保电煤，为全省全面打赢疫情防控阻击战做出了重要贡献。

水电企业为疫情防控提供有力保障。水、电是关系国计民生的重要产业。贵州水投集团精准高效做好疫情防控和复工复产工作，制定复工复产工作提示并对复工期间人员保障、供水时间、物资协调、疫情源头管控等各项防控措施做出全面安排，最大程度减小疫情对生产经营的影响。贵州金元黔北电厂自恢复正常供汽供暖后，日均供应量达300吨以上，为区域内企业的复工复产提供了有力保障。

茅台集团彰显大型国企社会责任担当。作为中国白酒龙头企业，茅台集团及所属企业为抗击疫情累计捐款1.19亿元。企业自身也在按照"计划不变，任务不减，指标不调，员工收入不降"的目标，积极统筹复工复产，有序有力抗击疫情，有效稳定规范市场发展，确保疫情防控和生产经营两不误并实现了上半年"双过半"的生产经营目标，用实际行动彰显了"国企担当"。

贵州磷化集团助力春耕备耕。面对疫情挑战，贵州磷化集团开磷矿肥有限责任公司针对各地春耕备耕对磷肥需求旺盛和产品供不应求的实际，开足马力生产，采取工人轮班、机器24小时运转的形式，保证了产品源源不断运送到东北的春耕备耕一线，其中近80%经由铁路到国内多地，助2020年春耕一臂之力。

（三）在落实"六稳""六保"任务中发挥"压舱石"作用

面对新冠疫情带来的严峻考验，贵州国资国企全面贯彻落实党中央、国务院和贵州省委省政府的决策部署，扎实做好"六稳"工作，认真落实"六保"任务，统筹推进疫情防控、复工复产和经济社会发展各项工作，充分发挥"压舱石"作用，彰显了国资国企为党分忧、为民尽责的使命担当。

省、市、县国资国企上下齐抓、勠力同心着力做好"稳就业"工作。省国资委始终坚持把稳就业放在"六稳""六保"之首。一是全力以赴抓好促进2020年高校毕业生就业创业工作。召开全省国资系统保就业工作会议，对监管企业、参股企业、其他省管企业、中央在黔企业、各市（州）国资监管机构和市（州）管、县（区）管企业进行全面安排，层层动员部署，形成省、市、县国资国企上下齐抓、勠力同心抓好高校毕业生就业的工作格局。督促企业把促进高校毕业生就业与调整企业人才结构有机结合起来，主动广纳四方英才。督促企业通过加人、加设备、"三班倒"等方法，深入挖掘就业潜力，千方百计增加用工量。督促企业复工复产、加大项目投资，全力创造就业岗位，从根本上为高校毕业生就业提供保障。层层动员各级国资监管机构、各级国有企业挖掘就业潜力，创造更多就业岗位，以高校毕业生就业工作为重点，全面抓好各个就业群体的就业工作，组织召开监管企业人才工作会议。对抓好高校毕业生就业等工作进行安排，把企业中长期发展所需和当前复工复产急需统筹起来，积极挖掘用工潜力，切实抓好高校毕业生就业等工作，明确要求每一户监管企业2020年必须安排高校毕业生就业、每一户监管企业安排高校毕业生就业的数量必须高于2019年。抽调专人充实专班力量，加强对高校毕业生就业工作的组织领导。坚持每周一调度、半月一汇总，加强对各企业保就业工作的督促指导，压实工作责任，彰显国有企业的责任和担当。举办"抗疫情、保就业、贵州国企勇担当"高校毕业生专场网络招聘活动。21户监管企业、2户参股企业共提供2524个就业岗位。组织监管企业积极参加第八届线上线下贵州人才博览会。招聘信息通过新闻媒体广泛宣传报道，并在省内各高等院校官网公布。21户监管企业全部参加，共提供岗位2498个，是监管企业参加2019年人博会岗位总数的1.87倍，占本届人博会2.6万个岗位的近1/10。二是着力做好"稳就业"工作，做好企业员工和收入"双稳定"工作。贵州高速集团公司、贵州交建集团公司免收通行费期间，在通行费"零收入"极端困难的情况下，千方百计调配人力资源、多措并举推动协同复工，保障了收费员工稳定的工作岗位和工资收入。三是积极开展劳务就业扶贫工作。切实把贵州省委、省政府安排部署的劳务就业扶贫工作任务落到实处，共收集劳务就业扶贫岗位29364个，预计2020年至少解决1万名农村贫困人口就业。随着全省疫情防控形势持续好转，贵州交建集团提前谋划，"一手抓疫情防控、一手抓脱贫攻坚"，为保障务工人员安全复工，交建集团和地方政府协调，利用网络技术排查复工人员的行程轨迹，同步建立行程、健康信息台账，为顺利返岗复工做好充足准备。在认真摸排务工人员复工需求、返岗意愿和健康状况等信息的基础上，逐步有序地安排贫困务工人员安全返岗。截至2020年4月17日，贵州交建集团共承接了25支从江县劳务队伍，累计就业人数335人，其中建档立卡贫困户278人。随着项目逐步复工，贵州交建集团坚持"两手抓"，做好疫情防控和复工复产的同时，根据项目推进情况，及时统计并更新项目用工需求，最大限度承接从江县劳务队伍，千方百计解决贫困群众务工难题。

注重防范化解重大风险，确保市场主体和产业链、供应链稳定。一是抓好重大风险防范化解，印发《贵州省国资委监管企业担保管理办法》，规范企业各类担保行为，防范国有资产流失。推动监管企业全面建立健全违规经营投资责任追究制度工作体系，形成职责明确、流程清晰、规范有序的责任追究工作机制。二是抓好安全生产。组织监管企业开展为期6个月的煤矿、危化品安全生产和"三违"治理工作以及复工复产安全生产风险隐患大排查大整治，扎实抓好企业安全生产。深刻吸取福建省泉州市一新冠肺炎隔离观察酒店"3·7"坍塌事故、黔东南州天柱县一临街门面"3·8"火灾事故、贵阳市观山湖区贵州商品混凝土公司"3·27"厂区内山体滑坡事故等教训，组织监管企业开展煤矿、危化品安全生产及"三违"治理工作，组织监管企业深入开展复工复产安全生产风险隐患大排查大整治，狠抓安全防范责任措施的落实，坚决防范遏制各类事故发生。三是抓好生态环保工作。磷化集团按期完成2019年"双十治理"工程，乌江34号泉眼、发财洞等污染防治工作得到巩固提升。贵州茅台集团积极推进中央生态环境保护督察组督察暗访有关生态环境保护问题整改，全力解决影响茅台集团可持续发展的生态和环境问题。四是保障市场主体和产业链、供应链稳定。通过加速推进复工复产，确保并有力带动了建筑、物资、原材料、物流等综合交通产业链上下游各类市场主体协同复工，助力各类企业共同渡过难关。注重防范化解重大风险，认真落实省政府化解交通领域政府债务的工作安排。印发《贵州省国资委监管企业担保管理办法》，规范企业各类担保行为，杜绝监管企业及所属企业因担保行为超出债务承受能力产生的风险，防范国有资产流失。推动监管企业全面建立健全违规经营投资责任追究制度工作体系，形成职责明确、流程清晰、规范有序的责任追究工作机制。

（四）在打赢脱贫攻坚战中发挥"生力军"作用

消除贫困、改善民生、实现共同富裕，是社会主义的本质要求，也是我们党的重要使命。脱贫攻坚是党中央提出的重要政治任务，关乎第一个百年奋斗目标的实现。贵州国资委国有企业作为贵州省国有经济的重要骨干和中坚力量，坚持把脱贫攻坚作为最大的政治责任，牢记所肩负的政治责任、经济责任和社会责任，充分发挥国有企业项目、资金、管理等优势，不忘初心，坚决贯彻落实好党和国家关于扶贫工作的相关决策部署和省委、省政府的要求，坚持一手抓疫情防控、一手抓脱贫攻坚，坚持问题导向、聚力对标补短、层层压实责任，牢牢掌握打赢脱贫攻坚战的主动权，用真情、扶真贫、出真力、想实招，努力践行国有企业的政治责任、经济责任和社会责任，为贵州省脱贫攻坚做出积极贡献。

持续加大帮扶力度。严格落实摘帽不摘责任、摘帽不摘政策、摘帽不摘帮扶、摘帽不摘监管"四个不摘"的要求，落实好"资金、项目、责任"三个捆绑，整合资源加大支持和指导力度，形成帮扶合力，压紧压实帮扶责任，确保帮扶力度不减、标准不降、干劲不松，确保脱贫攻坚任务如期完成。

坚持"三个导向"。坚持问题导向、目标导向、结果导向，加强研判评估，加快扶贫项目开工建设，促进贫困劳动力务工就业。开展挂牌督战，对参与9个未摘帽的深度贫困县和3个剩余贫困人口超过1万人的拟摘帽县（区）的国有企业，对照"全覆盖、督死角、查问题、抓整改"督战要求，扎实推进挂牌督战，补齐"三保障"和农村饮水安全弱项短板，优化完善脱贫攻坚"一村一策""一户一策"，确保所有剩余贫困人口、未出列贫困村和未摘帽县达到脱贫标准、退出标准和脱贫摘帽条件。

多措并举巩固拓展脱贫攻坚成果。帮扶已拟摘帽县（区）的企业严格落实"四个不摘"要求，帮扶资金规模不减、帮扶工作力度不减、帮扶力量不撤，防止松劲懈怠和精力转移，对脱贫不稳定及边缘人口进行常态化筛查并采取动态管理措施，防止脱贫不稳定人口和边缘人口出现返贫和新贫困的发生。

坚定不移纵深推进农村产业革命。帮扶企业积极帮助引进、培育龙头产业，加快发展当年种养、当年见效的产业，推动第一、二、三产业融合发展，依托国有企业网购销售、企业职工食堂等平台，加大对贫困地区产业扶贫力度，完善产销对接机制，各企业职工食堂从贫困地区采购农产品，实现每个帮扶的贫困村都有1个以上的农产品通过定向直通渠道进入企业职工食堂，推动"黔货出山"，大幅提升农产品商品化率。

夯实脱贫基础、巩固脱贫成果。各企业制订落实扶持壮大村级集体经济实施方案，充分利用好中央和省财政给予的100万元扶持资金以及各级各部门给予的项目和资金，进一步夯实脱贫基础、巩固脱贫成果。据统计，2015～2019年底，直接投入68.72亿元扶贫资金、发展项目1943个，实现增收72.46亿元，解决就业人口205万人次，带动辐射人口数量297万人次，47.74万人实现了脱贫。2020年一季度，直接投入6159万元资金，帮助引进2236万元资金，帮扶333个项目，解决就业人口8243人，帮扶工作取得明显成效。

（五）在深化改革中发挥"排头兵"作用

贵州省国资委积极推动国有企业改革向纵深推进，突出抓好重点改革任务落实，努力在重要领域和关键环节取得新突破和新成效。

不断优化国有资本布局。认真做好全省国有资本布局与结构战略性调整"十四五"规划和监管企业资本化发展规划的编制工作，全力推进"两划"编制，目前各项工作有序进行。

优化整合国有资本存量。将省国资委所持高速集团部分股权转让给茅台集团持有，将省煤矿院股权划转为乌江能源集团持有，完成省水利水电设计院国有产权无偿划转为黔晟国资和高速集团，完成磷化集团所持鹏业公司股权无偿划转为黔晟国资持有，完成盘江煤电收购宁波松峰所持盘江资产股权。

全面清理企业非主营业务。积极推动监管企业聚焦主责主业加快剥离非主业、非优势业务。截至2020年5月底，2020年拟清理企业中已完成5户企业处置。

着力提升国资监管效能。研究制订关于完善全省国有资产管理体制构建国资监管大格局的实施方案，推动全省形成国资监管一盘棋。加快形成以管资本为主的国有资产监管体制启动，实施贵州省国资委提升国资监管效能两年行动计划，确保国有资本保值增值。

推动企业加快转型升级。制定印发《贵州省国资委监管企业混合所有制改革操作指引》，深入推进"国企改革双百行动"，组织省内10家大型国企与贵州磷化集团签署协议，加快磷石膏建材推广应用，有序推进重大项目建设，28户监管企业累计完成投资123.93亿元，占年度投资计划的18.29%，其中高速集团、茅台集团、磷化集团等企业累计完成比例均超过两位数。茅台集团2020年拟投资158亿元，集中建设包装、成品库、玻璃瓶厂、原料基地、科技大楼5大板块12个项目。磷化集团投资近20亿元，推进磷石膏新型建材、共伴生资源利用、精细磷化工3类5个重大项目建设。

加快实施战略重组步伐。加快推进贵旅集团改革脱困和引战重组工作，积极开展债务危机化解。挂牌成立贵州黄牛产业集团，打造贵州黄牛全产业链发展的生态体系。推动贵州黔晟国资实施改组，改组后的公司资产规模将超过500亿元、净资产约为200亿元，资本运营能力将进一步提升。

二 抗击疫情推进经济发展中暴露出的主要问题

大灾面前、危急关头，不但考验着政府和人民的勇气与智慧，召唤着全社会的协同支持与配合，更期待着社会各个方面及时响应和配合，特别是更富有社会责任感、更具专业性和在资源调配能力上更显优势的国有企业配合，这是单纯依靠市场力量协调所不能企及的。疫情期间，虽然许多企业提供了专业的产品、技术和能力支持疫情防控，但是面对突如其来的重大突发公共卫生事件，贵州省一些国有企业应对方案和响应机制还不够成熟和完善，重大公共卫生事件中如何在做好防控的前提下快速、准确、高效地开展工作办法不多。

受疫情影响，企业履行社会责任的能力受到影响。企业是社会责任的践行者，在这次重大公共卫生事件应对过程中，贵州航空、旅游、酒店等企业多措并举,积极做好公共服务和各项保障,但是企业生产经营受影响较大,国有企业的经济指标出现大幅下滑。特别是人力密集型的服务业,如机场、航空、旅游、酒店等受到冲击较为明显,收入迅速下降,面临较大的刚性现金支出压力,企业资金链持续趋紧,贵州机场集团、贵州航空公司、贵州航投公司、贵旅集团、贵州酒店集团等企业经营受影响较大,经济指标出现大幅下滑。虽然疫情当期有冲击,但是工业基本在疫情消退后存在抢工反弹的概率,很多损失是可以通过抢工后"追回"的,但工业企业利润的减少也会或多或少影响其投资增量,短期会造成失业率上升。贵州磷化集团、贵旅集团等部分企业资金链持续趋紧,债务风险依然较高,仍需切实采取措施化解。一方面让社会民众对企业的社会责任有更多期待与诉求,另一方面企业经营也让这些企业履行社会责任的能力受到影响。

三 几点建议

国资国企地位重要、作用关键、不可替代,是党和国家的重要依靠力量。在疫情防控常态化背景下,要深入学习贯彻习近平总书记关于统筹推进疫情防控和经济社会发展工作的系列重要讲话和指示批示精神,坚定发展信心,提高政治站位,立足当前,着眼长远,把"六稳""六保"工作与国有企业改革发展工作紧密结合起来,积极抢抓国家新一轮西部大开发战略机遇,全力抓好国资国企改革发展各项工作,坚决把耽误的时间抢回来,把遭受的损失补回来,坚决守住经济平稳健康发展的基本面,切实发挥好国有企业的"压舱石"和"稳定器"作用,不断开创国有企业改革发展新局面,为贵州经济平稳运行提供有力支撑,为全省经济社会发展做出国有企业应有的贡献。

抓好疫情防控,防止疫情反弹。随着复工开启,如果不能保持有效的持续性病毒防治，依然存在发生传染的可能，一旦有病患，写字楼被封、工厂被封都是有可能的事情，因此，在疫情防控常态化背景下，贵州国资国企要一手抓疫情防控、一手谋经济社会发展，抓紧抓细抓实各项工作。要继续把疫情防控作为大事要事，认真落实省国资委制定出台的《统筹抓好疫情防控和改革发展22条措施》《充分发挥党的组织优势统筹做好疫情防控期各项工作的通知》《关于明确监管企业在新型冠状病毒感染肺炎疫情防控工作中相关政策的通知》等文件精神，进一步推动国有企业毫不松懈抓好常态化疫情防控，保护企业员工生命安全和身体健康，做到不麻痹、不厌战、不松懈。一要健全完善国有企业应对重大突发公共卫生事件的预案，完善国有企业应急响应机制，加强信息化、智慧化技术的利用，加强对党员、干部的业务培训，使其熟悉并掌握应对重大突发公共卫生事件的基本方法、基本手段，确保基层党组织、党员干部快速、便捷、高效地开展工作。二要加强防控。所有复工单位和企业，要进行必要消毒，建立紧密关联管理，任何人出现问题能够第一时间通知所有相关人员进行隔离。三要做好疫后心理安抚。有条件的部门和企业要对员工主动进行心理关怀，聘请心理医生。条件欠缺的企业，也要提醒员工关注心理健康，及时调整好心理状态。

抓好复产达产，降低不利影响。经济是底盘，经济发展是应对疫情的底气。底盘要稳，底气要足，要防止因疫情而出现多米诺骨牌效应，防止出现严重的经济危机。一要加大企业满产达产指导力度，切实解决好生产经营和改革发展中遇到的困难，支持企业积极争取疫情期间各类优惠政策，全力抓好疫情防控和企业复工复产、满产达产工作，努力把疫情带来的不利影响降到最低。二要牢固树立过"紧日子"的思想，督促企业大力压缩一般性管理成本和非生产性支出，通过采取加大资金统筹、强化"两金"压降、大宗物资集中采购、优化债务结构等措施，降低企业综合成本。三要全力做好稳定职工队

伍工作，实施援企稳岗政策。

抓好改革发展，提高企业效益。积极应对疫情冲击影响，充分发挥国有企业政治优势，坚持党的领导、加强党的建设，以贵州省国资委全面提升国资国企改革成效和制定的15项重点工作为抓手，下大力抓好国企改革三年行动、国企战略重组、剥离办社会职能和解决历史遗留问题、清理非主营业务、健全市场化经营机制等重点任务落实，全力以赴实现稳增长，在提质增效上下更大功夫。一要坚持以改革开放为动力，实施国企改革三年行动，完善国资监管体制，加快推进构建国资监管大格局，进一步提高国资监管效能。深化混合所有制改革。二要聚焦主责主业，健全市场化经营机制，提高核心竞争力。抓好监管企业非主营业务清理工作，加快推进非主业、非优势业务"两非"剥离，推动优势资源向主业集聚，提升监管企业核心竞争力。三要降低企业债务风险，进一步加强与金融机构协调，通过存量贷款展期、降低融资利率、新增贷款规模等措施，确保守住不发生系统风险的底线。四要积极抢抓国家新一轮西部大开发战略机遇，大力推动国有企业"走出去"发展。推动监管企业紧跟服务国家战略，深化与"一带一路"沿线国家的务实合作，大力开拓国外市场和业务，在更大范围、更广领域和更高层次参与国际竞争与合作。

抓好脱贫攻坚，彰显责任担当。认真贯彻落实中央、贵州省委关于精准扶贫、精准脱贫的重大决策部署，围绕精准扶贫"八要素"，发挥国企优势，继续组织20家重点国有企业帮扶20个重点贫困县，帮助发展主导产业、开展园区共建、改善基础设施、强化公共服务、提升干部素质、推进人才培训、促进就业增收、推动城镇开发，扎实推进结对帮扶和同步小康工作，进一步巩固脱贫成果、夯实脱贫基础，确保高质量按时打赢脱贫攻坚战。一要抓好产业扶贫。充分发挥国有企业管理、项目、资金等优势，帮助贫困地区发展一批具有"造血"功能的见效快、有特色扶贫产业。二要推动"黔货出山"。

将贵州物流集团培育成为全省农产品流通领域的龙头企业，发挥贵州机场集团、贵州航空、贵州高速集团等企业的平台作用，带动更多的贫困户脱贫增收。三要完善产销对接机制。依托国有企业网购销售平台，大力采购、仓储、配送、运营贫困地区的农特产品。四要抓好就业扶贫。进一步统筹抓好贵州全省国有企业劳务就业扶贫、大学生就业、农民工就业等重点工作，积极挖掘潜力，创造更多就业岗位，充分彰显国资国企讲政治、顾大局、惠民生、保就业的责任担当。

B.15
贵州国有企业履行社会责任的帮扶机制与减贫效应

周芳苓 李昌先 崔青仙 雷陈陈*

摘　要： 通过对贵州国有企业结对帮扶机制的归纳总结，旨在客观考察和诠释国有企业"何以"能在履行社会责任中提升减贫效应的实践逻辑及内在关联，并由此探讨国有企业未来更好履行社会责任的可行路径。调研发现，"十三五"期间，贵州国有企业在履行社会责任上形成了"三维一体"的帮扶机制，并在产业扶贫、教育扶贫、科技扶贫、党建扶贫等方面开展了大量富有成效的帮扶工作，取得了显著的脱贫成效，为贵州决战决胜脱贫攻坚做出了积极贡献；同时国有企业也面临着履行社会责任时遭遇的"冲突性""取向性""暂时性"现实困境。从未来反贫困走向看，贵州国有企业仍大有可为，并能继续发挥自身在项目、市场、技术上的资源优势，为防贫反贫事业做出更大的贡献。

关键词： 帮扶机制　减贫效应　贵州国有企业

---

* 周芳苓，贵州民族大学社会学博士生，贵州省社会科学院研究员、硕士生导师，研究方向为应用社会学、民族地区社会工作；李昌先，贵州民族大学社会学与公共管理学院2019级硕士研究生，研究方向为社会政策与社会治理；崔青仙，贵州民族大学社会学与公共管理学院2019级硕士研究生，研究方向为社会工作；雷陈陈，贵州民族大学社会学与公共管理学院2018级硕士研究生，研究方向为社会工作。

贵州国有企业履行社会责任的帮扶机制与减贫效应

在彻底解决千百年来绝对贫困问题的历史征程中，贵州国有企业以自身特有的方式，发挥自身有项目、有技术、有资金的优势，在确保高质量、打好收官战、确保脱贫攻坚和全面建成小康社会圆满收官上，做出了特有的贡献与努力。正如贵州省委书记孙志刚在全省脱贫攻坚"七一"表彰大会上的讲话指出："我们广泛凝聚攻坚强大合力，持续深化东西部扶贫协作，主动对接中央单位定点帮扶，大力推广教育医疗'组团式'帮扶，扎实用好统一战线帮扶毕节、澳门帮扶从江等各方力量，深入开展国有企业'百企帮百村'、民营企业'千企帮千村'，形成了各界倾力支援、干群携手攻坚的生动局面！"不难看出，贵州国有企业"百企帮百村"已经成为全省脱贫攻坚事业的有机组成部分，并具有重要的地位。

为了更真实地了解贵州国有企业"百企帮百村"和结对帮扶贫困县的真实状态，笔者主要采用文献研究方法，通过对政府报告、重要讲话、新闻报道、期刊报纸、官网信息等资料，致力于全面反映贵州省国有企业履行社会责任的帮扶机制及减贫效应，最终为更好履行企业社会责任、建立后扶贫时代的反贫困机制提供有益的理论参考与实证依据。

一 国有企业"百企帮百村"的基本状况

在贵州，从 2012 年开始，为了深入贯彻落实《关于进一步促进贵州经济社会又好又快发展的若干意见》（国发 2 号文件）的有关精神及要求，组织和调动市场力量积极参与到扶贫攻坚中去，致力于探索建立扶贫龙头企业参与扶贫攻坚的长效工作机制，加快推进农村地区尤其是深度贫困地区贫困人口实现脱贫解困，确保到 2020 年与全国同步全面建成小康社会。基于此，在中共贵州省委、贵州省人民政府的领导下，结合国情、省情实际，贵州省扶贫开发办公室决定在全省开展"百企帮百村"活动。

在贵州，由于经济社会发展水平的不平衡性，加之受区位环境优劣的影响，国有企业在各市州的地区分布不尽相同，并呈现一定的区域性特征。从统计数据看，在贵州省"百企帮百村"的国有企业数量分布上，整体呈现民族自治地区少于非民族自治地区的状态，但并未表现出地区经济发展水平与国有企业数量分布之间的一致性特征，换句话说，经济发展水平最高的地区，其在"百企帮百村"中的国有企业数量并不必然是最多的，反之亦然。具体来看，在贵州省"百企帮百村"的国有企业中，居于前四位的分别是遵义市、铜仁市、安顺市、贵阳市，依次占20.0%、15.0%、13.0%和12.0%，而处于最后三位的分别是黔东南州、黔南州、黔西南州，依次占8.0%、7.0%和5.0%（见表1）。

表1 贵州省"百企帮百村"活动指标的基本状况

单位：个，%

地区分布 \ 基本状况	国企数量	所占比例
贵 阳 市	12	12.0
遵 义 市	20	20.0
六 盘 水 市	10	10.0
安 顺 市	13	13.0
毕 节 市	10	10.0
铜 仁 市	15	15.0
黔 东 南 州	8	8.0
黔 南 州	7	7.0
黔 西 南 州	5	5.0
总 计	100	100.0

资料来源：根据贵州省扶贫办印发"黔扶办通〔2012〕44号"文件进行整理。

根据黔府办函〔2017〕198号文件的有关安排，通过调整、充实、完善工作，截至2017年底，经贵州省人民政府同意，全省20家国有企业结对帮扶贫困县（其中：6家国有企业结对帮扶6个贫困县，14家国有企业结对帮扶14个深度贫困县）的工作格局得以形成，由此，贵州省已实现了国有企业结对帮扶深度贫困县的全覆盖（详见表2）。按照省委、省政府的有关精神及要求，明确了国有企业结对帮扶贫困县的原则、任务、目标：第一，从原则上看，就是要认真贯彻中共贵州省委、贵州省人民政府大扶贫战略行动，按照"二十四字"原则①开展结对帮扶工作；第二，从任务上看，就是要充分发挥国有企业的优势与条件，切实帮助贫困县发展主导产业、开展园区共建、改善基础设施、强化公共服务、促进就业增收；第三，从总体目标看，就是要助推贫困县尤其是深度贫困县到2020年实现全面脱贫"摘帽"，贫困人口全部脱贫。

表2 贵州省国有企业结对帮扶贫困县的基本状况

国企名称	结对帮扶贫困县	是否深度贫困县	区位分布	结对时间
贵州茅台酒厂(集团)有限责任公司	道真县	否	遵义	2015年
贵州开磷控股(集团)有限责任公司	关岭县	否	安顺	2015年
瓮福(集团)有限责任公司	榕江县	是	黔东南	2015年
贵州盘江投资控股(集团)有限公司	赫章县	是	毕节	2015年
贵州电网公司	紫云县	是	安顺	2015年
贵州中烟工业有限责任公司	晴隆县	是	黔西南	2015年
贵州乌江水电开发有限责任公司	沿河县	是	铜仁	2015年
国电投贵州金元集团股份有限责任公司	纳雍县	是	毕节	2015年
中国移动贵州分公司	望谟县	是	黔西南	2015年
中国农业银行贵州省分行	从江县	是	黔东南	2015年
贵州省农村信用联社	务川县	否	遵义	2015年

---

① 在这里，"二十四字"原则，是指"县企合作、互利共赢、优势互补、突出重点、攻坚脱贫、同步小康"的原则。

续表

国企名称	基本状况 结对帮扶贫困县	是否深度贫困县	区位分布	结对时间
保利久联控股集团有限责任公司、保利贵州置业集团有限公司	册亨县	是	黔西南	2017年
贵州产业投资（集团）有限责任公司	剑河县	是	黔东南	2017年
贵州建工集团有限公司	雷山县	否	黔东南	2017年
贵州银行	丹寨县	否	黔东南	2017年
中国工商银行贵州省分行	普安县	否	黔西南	2017年
中国烟草总公司贵州省分公司	水城县	是	六盘水	2017年
中国建设银行贵州省分行	威宁县	是	毕节	2017年
中国人民财产保险股份有限公司贵州省分公司	三都县	是	黔南	2017年
国家开发银行贵州省分行	正安县	是	遵义	2017年

资料来源：根据贵州省人民政府印发"黔府办函〔2017〕198号"文件进行整理。2019年6月，按照贵州省打造千亿级现代化工产业的总体部署，由原贵州开磷控股（集团）有限责任公司改组，划入贵州省持有瓮福集团股权，组建而成省属大型国有企业"贵州磷化（集团）有限责任公司"（简称"磷化集团"）。之后，磷化集团仍继续负责结对帮扶原有的两个贫困县（关岭县、榕江县）不变。

自2015年5月"晴隆会议"召开以来，省委、省政府明确了国有企业对口帮扶重点贫困县的有关要求，各国有企业通过切实加强组织领导，提高思想认识，建立工作机制，落实帮扶资金，积极履行社会责任，充分发挥自身在项目、市场、技术上的优势做到真扶贫、扶真贫，切实帮助结对帮扶对象实现了脱贫攻坚的目标预期。

二 国有企业"百企帮百村"的主要做法

众所周知，在贵州国有企业"百企帮百村"活动中，无论结对帮扶的重点贫困县，还是重点贫困县所辖的100个贫困村，基本上都属于国家级贫困县中的深度贫困村，其面临着贫困人口多、贫困程度深、脱贫难度大等共性特征。为了如期切实帮扶结对贫困村实现脱贫出列，贵州国有企业积极响应精准扶贫、精准脱贫的国家政策和"五个一批""六个精准"的要求，并结合省委、省政府关于打赢脱贫攻坚战的决策部署，充分发挥自身在项目、市场、技术上的资源优势与有利条件，积极采用"五子登科"帮扶工作思路，致力于推动结对帮扶贫困村高质量打赢脱贫攻坚战。

（一）把脉问诊开出"药方子"

2015年10月16日，习近平同志在减贫与发展高层论坛上首次提出"五个一批"的脱贫措施，为打通脱贫"最后一公里"开出破题药方。2015年11月27日，习近平总书记《在中央扶贫开发工作会议上的讲话》中指出：解决好"怎么扶"的问题，开对了"药方子"，才能拔掉"穷根子"。根据这些重要讲话精神，从县企实际出发，各国有企业在开展充分调研考察的基础上，通过深入分析脱贫攻坚工作中结对帮扶贫困县所面临的优势、劣势、机遇及挑战，不仅为结对帮扶贫困县打好脱贫攻坚工作开出了"药方子"，也为结对帮扶贫困县拔除"穷根子"找准了方向、定准了目标。例如，原瓮福集团借助麦肯锡、安永、北大资源等国内外咨询机构"外脑"，在系统调研的基础上为榕江县实现经济社会发展"把脉会诊"，找准扶贫的"两个点"（切入点和结合点），制订了《瓮福－榕江结对帮扶发展规划（2016~2020）》，梳理了重点项目库，确定了包括林下经济产业、林产加工业、旅游业等8个领域共计67个项目，为打好榕江县脱贫攻坚工作开好了"良药"。盘江集团在扎实开展调研的基础上，结合自身产业、市场、资金、技术、人才等优势，为赫章县的经济社会发展制定了结对帮扶工作5年规划，并拟订年度帮扶项目计划表、结对帮扶海雀村和马圈岩村项目清单等。

（二）产业帮扶找到"好路子"

从某种意义上讲，无论是一个贫困县还是一个贫困村，没有产业发展的支撑，就难以真正实现根本性、持续性、稳定性的脱贫。众所周知，在精准扶贫"五个一批"的脱贫措施中，"发展生产脱贫一批"是最重要的举措，也是最关键的环节。如何打通这一环节，是能否实现精准脱贫的关键所在。因此，对于国有企业来说，找到适宜于结对帮扶贫困县及贫困村的脱贫"好路子"，无疑是一项重要的工作。事实上，对于有一定发展条件和劳动能力的贫困家庭，若能在国企结对帮扶"好路子"中，就近寻找到产业帮扶的衔接点，必将有利于增强贫困户自身的"造血"功能，从而切实确保实现脱贫的目标。调研发现，在"十三五"期间，按照省里确立的14个深度贫困县发展"一县一业"的基本思路与要求，贵州省国有企业根据自身的优势与条件，并结合结对帮扶贫困县及贫困村在土地、环境、气候、区位等多方面的本土条件，分别确立了不同的产业帮扶思路，找到了不同的产业发展路子，为顺利完成结对帮扶任务提供了有利条件与保障。例如，原瓮福（集团）有限责任公司帮扶榕江县确立了以发展蔬菜为主的产业帮扶路子；中国建设银行贵州省分行帮扶威宁县确立了以发展马铃薯为主的产业帮扶路子；中国移动贵州分公司帮扶望谟县确立了以发展生态板栗为主的产业帮扶路子；中国人民财产保险股份有限公司贵州省分公司帮扶三都县确立了以发展"巫不香猪"为主的产业帮扶路子；国家开发银行贵州省分行帮扶正安县确立了以发展鹅产业为主的产业帮扶路子；等等。具体来看，以原瓮福集团公司为例，该公司在产业帮扶中对榕江县实施了"一主业（中药材示范种植）、一特色（蔬菜瓜果示范种植）、两营销（农资销售、农产品销售）"的扶贫工作格局；到2019年，罗汉果在榕江县"遍地开花"，推广种植已达到1000亩，并由此将榕江县纳入全省中药材产业发展重点县备选地区，极大地增强了广大群众对发展中药材产业的决心和信心，而通过这一项目带动了贫困户600余户实现了产业帮扶增收和脱贫的目标。

（三）教育扶贫拔除"穷根子"

从根本上讲，无论是深度贫困县还是深度贫困村，其贫困现象主要表现在两大方面，一是物质层面上的贫困，二是精神层面上的贫困。而精神层面上的贫困又集中体现在文化、教育、观念上的贫困。这表明，从长远发展来看，要从根本消除贫困人口的致贫根源，就必须从文化教育扶贫上加以解决。基于这一认识，贵州国有企业从一开始就将教育扶贫作为结对帮扶的重要工作及内容，并以此作为拔除"穷根子"的根本抓手。如贵州磷化集团在结对帮扶关岭县的过程中，招录建档立卡的贫困户子女进入贵阳职业技术学院化工学院就读，学生毕业后便可直接在原开磷集团安排正式就业，5年来已累计有44名贫困户子女享受到政策并实现读书的梦想，其中18名已经在磷化各二级单位实习。与此同时，贵州磷化集团关岭县驻村工作队，结合自身优势，在田间地头为村干部、村民进行生产技术培训，如重点围绕蔬菜、养牛、猪等产业方面为当地贫困农户提供技术培训，同时也提供电商服务、技术指导。至2019年底，驻村工作队已累计举办了关岭牛养殖项目和关岭精品水果种植等各类培训共59期，培训2569余人次，让闲置劳动力实现就地就近转移、本土务工、在家创业。

（四）科技扶贫努力"想法子"

对于国企，往往都拥有一定的技术优势，而如何将这些优势转换为扶贫的抓手或平台，是国企结对帮扶工作中的重要环节，也是能否最大限度地发挥助力脱贫攻坚作用的重要手段。例如，贵州磷化集团在对关岭县实施结对帮扶过程中，充分发挥自身的技术优势，持续在关岭县开展良种、良肥、良法的"三良"帮扶工作：一是每年向关

岭县提供优质化肥1600吨，5年来共计配送发放价值2300余万元的磷化扶贫肥料7300吨；二是每年向贫困户提供优良的种子；三是每年向关岭县提供先进的种植方法和组织磷化集团技术团队为贫困户提供培训服务。在榕江县，依托自身旗下的贵州福农宝农业科技有限公司，贵州磷化集团充分利用大数据助力榕江县脱贫攻坚：一是通过福农宝平台助力"榕货出山"，为直销榕江县的农产品做出了有益探索，累计销售农特产品达到20万斤以上；二是通过福农宝服务平台提供优质农业服务，已累计接入合作社140余家，覆盖种养殖面积5万多亩，涵盖种养殖农户数量7000余人，有力发挥了大数据在榕江县脱贫攻坚中的积极作用；三是在脱贫攻坚"春风行动""夏秋攻势"等工作中，扶贫工作队利用福农宝平台，在榕江县建设农业服务站，为种植户提供测土配方施肥、病虫害防治技术支持、农产品产销对接等服务，2015年至今，扶贫队代表集团公司累计向榕江县贫困群众捐赠配方肥3600余吨，折合资金约800余万元。又如，贵州电网公司通过贯彻落实创新、协调、绿色、开放、共享的发展理念，实施小城镇和中心村农村电网改造升级工程，加快城乡电力服务均等化进程，全面完成全省1274个小城镇、中心村电网改造升级任务，惠及农村人口366万人，圆满完成了国家对小城镇、中心村电网改造的目标任务，对促进农村经济社会发展和全面建设小康社会发挥了重要作用。

（五）党建扶贫携手"结对子"

习近平总书记强调："打赢脱贫攻坚战，是全面建成小康社会的底线任务。兑现这项承诺，是党中央向全党、全国人民立下的军令状，必须完成，没有任何退路。"① 因此，对于贵州国有企业而言，

---

① 习近平：《在决战决胜脱贫攻坚座谈会上的讲话》，2020年3月6日，新华网，http：//www.gov.cn/xinwen/2020-03/06/content_ 5488175.htm。

如何根据省委、省政府有关精神及要求，履行好自身在"百企帮百村"中的角色，并如期完成结对帮扶贫困县的脱贫任务，也是一项底线任务，必须完成，别无选择。正是在这一政策背景下，各国有企业充分发挥党建扶贫的引领作用，及时研究制订下发有关"基层党组织结对帮扶深度贫困村工作方案"，并根据国有企业党委所属的基层党委（总支）的工作性质、员工人数、前期参与整县帮扶工作情况及贫困县所辖深度贫困村的贫困人口、发展情况，有针对性地确定帮扶对象，"联姻"结成帮扶对子。以此为基础，各国企基层党组织充分发挥人才、资金、技术、社会资源等多重优势，全力帮助结对深度贫困村推动党的建设、改善基础设施、推动教育帮扶、发展特色产业，促进贫困户脱贫。如原瓮福集团为进一步做好党建帮扶工作，在榕江县制订下发了《瓮福集团基层党组织结对帮扶榕江县深度贫困村工作方案》，并根据集团党委所属5个基层党委（总支）的特点，结合榕江县12个深度贫困村的人口情况，有针对性地确定帮扶对象、结成帮扶对子。

三 国有企业"百企帮百村"的帮扶机制

长期以来，如何实现社会扶贫资源的有效整合与科学配置，成为推动扶贫攻坚的难点所在，也是关键所在。然而，受种种因素的制约和影响，在长达30余年的扶贫攻坚进程中，始终在探索如何通过政府、市场、社会之间的有机连接，进而实现各类扶贫资源在脱贫攻坚上的最大效应。事实表明，这是一个循序渐进、不断优化的过程，也是一个相对较漫长的过程。

在贵州，值得欣喜的是，2012年尤其是2015以来，贵州国有企业在积极履行社会责任的过程中，逐步探索形成了"三维一体"的帮扶机制：建立"政府+市场+农民合作社"的帮扶模式，旨在引导和驱动国有企业在产业扶贫、教育扶贫、科技扶贫、党建扶贫等方面做出富有成效的工作,并在帮扶贫困户实现精准脱贫上取得显著成效,为贵州决战决胜脱贫攻坚做出了积极贡献。有关贵州国有企业"三维一体"帮扶机制(见图1)。

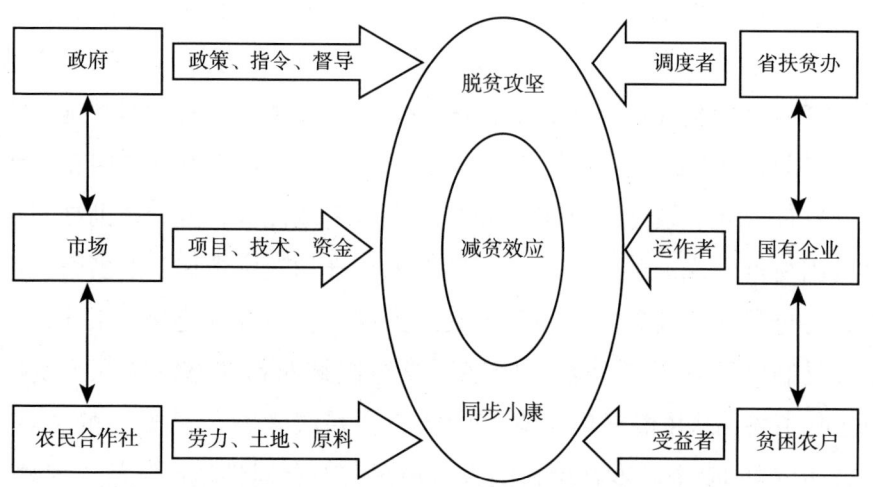

图1　贵州国有企业"三维一体"帮扶机制示意

从图1不难看出,在贵州国有企业"三维一体"帮扶机制中,政府(省扶贫办)、市场(国有企业)、农民合作社(贫困农户)三者之间相互关联,并扮演着各自的角色,发挥着不同的作用。

(一)政府:行动的调度者

从整体上看,政府(省扶贫办)在贵州国有企业"三维一体"帮扶机制中扮演着"组织者"的角色,并以各级扶贫部门作为"代言人",担当着"百企帮百村"及国有企业结对帮扶重点贫困县、贫困村的主导性功能与作用。换句话说,在这场特殊扶贫攻坚战略行动中,各级扶贫部门始终充当着"调度者"角色,并及时将帮扶政策、目标要求、奖惩制度等信息内容传达给各国有企业,进而督促其如期完成结对帮扶贫困县或贫困村的脱贫摘帽任务。具体来看，在这场精准扶贫、精准脱贫的战略行动中，各级扶贫部门通过充分发挥扶贫企业主管部门的组织推动作用，做好扶贫企业与贫困村对接联系的协调服务工作，组织村企双方磋商共建具体内容，并把共建工作以协议的形式确立下来；同时将项目立项、集团帮扶、驻村帮扶、党建扶贫等扶贫工作与"百企帮百村"活动有机结合起来，利用产业扶贫项目资金和信贷贴息资金大胆探索新型扶贫开发模式，集中资金、力量、区域，凝聚各方帮扶力量，进而加大扶贫工作的力度。

（二）市场：资源的运作者

研究表明，在社会主义市场经济体制下，企业往往成为市场资源的组织者与运作者，并在市场经济发展中扮演着越来越重要的资源配置功能与作用。在贵州脱贫攻坚的战略行动中，无论是"百企帮百村"中的扶贫龙头企业，还是结对帮扶贫困县的国有企业，在脱贫攻坚行动中，贵州国有企业在科学把握省委、省政府的政策取向的基础上，通常可以保持独立企业法人的行动意志，全力组织推进结对帮扶贫困县或贫困村的帮扶工作，而不再过多受到来自各级扶贫主管部门的干预。因此，在这一背景下，各国有企业是能够充分发挥自身的主动性、创造性的，并在如何发挥好对市场资源的优化配置效能上，彰显出自身在市场经济浪潮中的特殊地位与作用。众所周知，企业有项目、有技术、有资金，这既是企业的特质所在，也是优势所在。显然，对国有企业而言，就更是如此。在精准扶贫的"五个一批"中，"发展生产脱贫一批"被摆放在首位，表明"产业扶贫"不仅是脱贫攻坚的有力抓手和有效载体，更是实现"造血式"脱贫的根本途径。毫无疑问，在精准扶贫的系统性工程中，能够科学有效地实施产业扶贫的最佳扶贫主体是企业，尤其是国有企业。事实上，也只有国有企业才能更好地整合项目、技术、资金，才能真正发挥好企业集团化帮扶的优势，切实帮扶农村贫困户拔穷根，最终提升自身在精准扶贫、精准脱贫中的减贫效应。

（三）农民合作社：利益的受益者

事实上，农民合作社（贫困农户）在贵州国有企业"三维一体"帮扶机制中扮演着"受益者"的角色，并以从减贫效应中获得"利益回报"为动力，在"百企帮百村"及国有企业结对帮扶重点贫困县、贫困村的过程中具有不可或缺的重要性。换句话说，在这场特殊的帮扶行动中，以贫困农户为主体构成的农民合作社，其既充当着"受助者"的角色，又扮演着"主体者"的角色。因此，如果没有广大贫困农户的积极参与，或者贫困农户的主体意识不足，都将大大影响和制约着结对帮扶贫困县或贫困村的减贫效果，进而阻碍整体减贫目标的达成。不仅如此，没有广大贫困农户的主动参与和支持，就难以实现国有企业优势资源（技术、资金、市场等）与贫困村的土地、劳动力、环境等要素之间紧密结合起来，进行结对帮扶项目的实施，也就难以实现互利共赢的扶贫格局。基于此，要搞好"百企帮百村"及国有企业结对帮扶重点贫困县、贫困村的工作，必须精心组织，积极筹划，切实做好农民群众的宣传动员工作，切实增强贫困村的主体意识。这也是能否取得"百企帮百村"及国有企业结对帮扶重点贫困县、贫困村胜利的重要环节。

四 国有企业"百企帮百村"的减贫效应

长期以来，扶贫帮困已成为国有企业履行社会责任的重要内容及有机组织部分。贵州国有企业开展"扶贫帮困"的方式多种多样，既有产业扶贫、就业扶贫，又有教育扶贫、科技扶贫，还有党建扶贫。"十三五"期间，贵州国有企业紧紧围绕省委、省政府"十项提升行动"①，科学利用"三维一体"的帮扶机制，通过精准对接、有的放矢，形成"一对一"结对帮扶贫困县或贫困村的扶贫格局，进而在驱动贵州脱贫攻坚进程中发挥了重要的作用，产生显著的减贫效应。截至2020年6月30日，贵州国有企业结对帮扶的无论是贫困县还是贫困村，已全部实现精准脱贫的目标。所有这些，都为助推贵州如期打赢脱贫攻坚战、实现"第一个百年"奋斗目标奠定了坚实的社会基础。

（一）产业扶贫成效显著

从总体上看，至2020年6月30日，据不完全统计，在贵州国有企业"百企帮百村"的扶贫行动中，产业扶贫所取得的成效是显著的、巨大的。以深度贫困县发展"一县一业"为例，在国有企业的结对帮扶与大力支持下，贵州省所确定深度贫困县，均已发展起了自身的特色产业，并具有良好的发展势头。如正安县发展鹅产业、册亨县发展特色林、水城县发展红心猕猴桃、赫章县发展核桃、紫云苗族布依族自治县发展红心红薯、沿河土家族自治县发展白山羊、从江县发展"从江香猪"、榕江县发展蔬菜、望谟县发展生态板栗、剑河县发展食用菌、纳雍县发展生态鸡、威宁彝族回族苗族自治县发展马铃薯、三都水族自治县发展"巫不香猪"和晴隆县发展"晴隆羊"。如原贵州开磷控股（集团）有限责任公司，在结对帮扶关岭县实现脱贫摘帽的过程中，其成果是丰硕的，影响是突出的，主要表现在：一是通过成功引进的总投资为6亿元的橡胶机带项目，不仅为当地农村贫困劳动力提供了500个就业岗位，而且每年可给关岭县带来5000万元的利税收入，并辐射带动周边乡镇（街道）经济发展，进而形

---

① 在贵州，"十项提升行动"是指思想扶贫"扶穷志"、产业扶贫"调穷业"、基础攻坚"改穷貌"、易地搬迁"挪穷窝"、美丽乡村"换穷颜"、生态扶贫"治穷坡"、医疗扶贫"医穷病"、教育扶贫"断穷根"、社会兜底"保穷人"、党建扶贫"强穷村"。

成持续可靠的产业链条;二是成功实施断桥镇精品水果建设项目,其总投资达到2400万元,种植面积达到4000亩,惠及10个村贫困户1200余户4900余人;三是成功助推顶云木厂村猕猴桃种植项目,其项目利益连接的结对帮扶贫困户达360户共1780人;四是通过成功实施花江镇莲花村火龙果种植项目,不仅实现亩产1000斤的目标,而且带动了185户850余人的贫困户实现了就近就业;五是通过成功实施牧草种植项目,为新铺镇、普利乡牧草提供优质化肥330吨,带动贫困户1681户7024人实现了增收与脱贫等。

(二)就业扶贫成效明显

贵州国有企业结对帮扶深度贫困县或贫困村,其就业扶贫的方式主要有两种:一是通过企业内部岗位的整合,为农村贫困家庭提供相应的就业岗位,帮助贫困家庭子女解决毕业后的就业问题;二是通过结对帮扶贫困县的扶贫项目建设,直接就近创造就业机会,为当地农村贫困人口劳动力提供直接的就业岗位。例如,贵州电网公司所结对帮扶的紫云县,该公司通过用好电网帮扶资金,发展产业、完善基础设施,形成了紫云县猫营电力特色工业园区和紫云板当镇农业生态循环产业园,实现农业产业园年产值1000万元,为当地贫困户提供多达500余个就业岗位;2019年底,猫营电杆厂累计实现产值9220万元,增加地方税收603万元,解决贫困人口就业260人。原贵州开磷控股(集团)有限责任公司,通过牵线搭桥成功为关岭县引进总投资6亿元的橡胶机带项目,并随着该项目的建成,为当地农村贫困家庭劳动力就近提供了500个就业岗位;通过实施关岭县花江镇莲花村火龙果种植项目,从而带动当地185户贫困户共850余人实现家门口的就业等。

(三)教育扶贫成效突出

在精准扶贫的"五个一批"中,"发展教育脱贫一批"排第四位,表明"治贫先治愚,扶贫先扶智"在精准扶贫、精准脱贫中的重要性。事实上,除了国家层面的教育经费要坚持"三倾斜"(即向贫困地区倾斜、向基础教育倾斜、向职业教育倾斜)的政策导向外,国有企业在实施"百企帮百村"活动中,也自觉重视"治贫先治愚,扶贫先扶智"在结对帮扶工作中的重要性及作用。如贵州磷化集团在结对帮扶榕江县的过程中,通过联合榕江县、贵州工业职业技术学院,开办"瓮福榕江机电一体化订制班",开设"瓮福榕江现代学徒制精准脱贫班",既让贫困家庭孩子能够公平地享受优质教育和实现顺利就业,阻断贫困代际传递,也满足了企业对高素质技术技能型人才的用工需求,以"精准招生、精准培养、精准就业"的模式,为贫困地区的学生吃下了"定心丸"。自2016年4月启动教育帮扶工作以来,贵州磷化集团教育扶贫累计投入帮扶资金300余万元,60余名榕江籍贫困户劳动力进入瓮福就业,240余名榕江籍建档立卡贫困家庭学生被学校录取,毕业考核合格后将直接进入瓮福就业。同时在榕江县结对帮扶工作中:通过出资产业技术培训费,大力实施中药材、蔬菜种植等产业技术培训计划;采取了"请进来、走出去"的培训格局,开拓了当地农业技术骨干的视野,增强了种植的技术;举办"瓮福榕江服务三农新模式探讨会",为榕江县种植大户、合作社共计160余人开展测土配方肥的使用及田间管理方面培训。

(四)基础设施建设扶贫成效喜人

众所周知,在"精准扶贫、精准脱贫"这场特殊的攻坚战中,环境条件差、基础设施落后,始终是制约农村贫困人口实现脱贫致富的主要障碍之一。因此,如何破解这道难题,一直以来是贵州省委、省政府高度重视的工作。以贵州电网公司为例,自结对帮扶紫云县以来,该公司始终坚持以习近平新时代中国特色社会主义思想为指导,认真落实省委、省政府的决策部署,通过抓实三项扶贫行动(电力行业扶贫、定点扶贫、公益帮扶），确保做到"一保障、两助力、三个绝对不能"①，实现了在精准施策上出实招、在精准推进上下功夫、在精准落地上见成效。具体来看，该公司在基础设施建设扶贫上，主要集中体现在"电力行业扶贫"，并取得显著成绩：第一，提前实现国家新一轮农网改造升级目标。贵州电网公司大力推进农网改造升级工作，2016～2019年新一轮农村电网改造升级工程完成投资288.58亿元，占公司固定资产总投资比例超过60%，农村电网投资持续保持在高位。2018年率先完成20个极贫乡镇和2760个深度贫困村电网改造升级，为攻克深度贫困堡垒提供了强劲的电力支撑。2019年，以地市为单位的农村电网"两率一户"指标全部达标，提前一年完成了国家新一轮农网改造升级目标。第二，实施贫困村通动力电行动，提升贫困地区电力普遍服务水平。贵州电网公司2016～2017年累计投资1786万元，全面完成了全省贫困村通动力电工程，项目覆盖全省3个市州、5个区县和144个自然村，惠及农村人口1.99万人。2017年，贵州电网供电范围内已全面实现村村通动力电，升级了农村用电水平，助力贵州贫困地区小康社会的建设。第三，实施小城镇、中心村电网升级行动，积极适应农业现代化和农村消费升级需求。贵州电网公司贯彻落实"五大"发展理念，实施小城镇和中心村农村电网改造升级工程，投资48.5亿元全面完成全省1274个小城镇、中心村电网改造升级任务，惠及农村人口366万人，圆满完成了国家对小城镇、中心村电网改造的目标任务。第四，"高一格、快一步"做好小康电示范县建设行动。在实施"四在农家·美丽乡村"小康电行动计划基础上（投入资金324.33亿元），贵州电网公司于2017年9月制订小康电示范县农村电网升级改造工程实施方案，探

---

① 在这里，"一保障、两助力、三个绝对不能"是指保障提供坚强电力支撑，助力定点扶贫与公益帮扶，绝对不能因电网原因影响脱贫、绝对不能因帮扶不力未如期摘帽、绝对不能出现资金问题。

索面向小康社会、可推广的农村电网建设模式。2017~2018年，贵州电网公司在福泉市、凤冈县、黔西县、普定县、台江县5个小康电示范县累计投资超过13亿元，5个小康电示范县提前达到国家新一轮农村电网改造任务要求，成为贵州省县域电网样板。第五，全面保障易地扶贫搬迁安置点用电需求。制定支持和服务全省"十三五"期易地扶贫搬迁工程的实施意见，为安置点红线内供配电设施和安置点外部配套电网建设提供指导。"一个不落下"实施好易地扶贫搬迁安置点用电保障行动，"十三五"期间贵州电网公司实现了易地扶贫搬迁安置点（929个）用电保障的全覆盖，惠及177.4万名搬迁群众。

五 结语与思考

综上所述，从总体上看，贵州国有企业通过自觉构建起一个"三维一体"的帮扶机制，将政府、市场、农民合作社三方的力量有机整合起来，克服了过去政府包揽过多、企业主导缺失、农户积极性弱的难题。因此，在新时代政策背景下，贵州各国有企业在结对帮扶贫困县、贫困村上是称职的，其帮扶成效是显著的，充分彰显了新时代"大企业大担当"的使命与理念，更好地展现了国有企业发展过程中的人本情怀，切实履行好了国有企业自身应有的企业社会责任，为助推全省打赢脱贫攻坚战、实现全面建成小康社会目标，为实现"第一个百年"奋斗目标做出了极大的努力与贡献。

从未来趋势看，贵州国有企业要想顺应新时代经济社会发展的客观要求，更好地履行企业社会责任，一方面，必须继续发挥自身在项目、市场、技术上的资源优势，努力破解履行社会责任时所遭遇的"冲突性""取向性""暂时性"的现实困境；另一方面，必须继续发挥和诠释好"大企业承担大责任"的社会责任观，认真关注和研究后扶贫时代反贫困事业的走向,及时把握国家有关防贫反贫的战略决策及要求,为全力协同推进防贫反贫事业发展,助推贵州乡村振兴战略,奋力开创百姓富、生态美的多彩贵州新未来,不断改革创新、奋发有为,继续成为新时代贵州经济社会发展中一支不可或缺的重要建设力量。

大事记（2019年）
Memorabilia

B.16
贵州省国有企业社会责任大事记（2019年）

贾梦嫣

1月3日，贵州省第八次民族团结进步表彰大会在贵阳召开，会议表彰了113个贵州省民族团结进步模范集体和176位模范个人。赫章康兴扶贫开发有限公司等单位被授予"贵州省民族团结进步模范集体"称号。

1月25日，茅台集团总投资83.84亿元的酱香系列酒3万吨技改工程项目动工。

2月20日，由中宣部、中央文明办等主办的全国2018年学雷锋志愿服务"四个100"先进典型名单在中国文明网公示，中国华电贵州黔源电力公司"郭明义爱心团队"志愿组织成员、盘江煤电集团旗下盘江总医院工作人员获先进表彰。

2月22日，贵州盘南煤炭开发有限责任公司召开2018年度"三

项"创新项目暨科技攻关项目表彰会,21项"三项"创新项目和5个科技攻关项目分享70.7万元奖励。

2月28日,上海机场(集团)有限公司与贵州省机场集团有限公司签订战略合作框架协议,进一步深化在航线网络、航空货运、机场建设、运营管理、非航业务、集团化运行管理、人才交流培养等方面的合作,助推国家"一带一路"建设。

3月1日,贵州省总工会十四届三次全委(扩大)会议召开,深入学习贯彻中央书记处关于工会工作的重要指示和全总十七届二次执委会精神,同时为获得年度考评优秀奖的单位和获得模范职工之家、行业道德标兵、"贵州工匠"荣誉称号的单位及个人代表颁奖(授牌)。

3月7日,贵州省妇联在遵义市召开贵州省三八红旗手(集体)表彰宣讲会,表彰2018年度"省三八红旗手"和"省三八红旗集体",贵州盘江精煤股份有限公司火铺矿选煤厂、贵州茅台酒股份有限公司等单位职工获表彰。

3月13日,贵州省国资委系统企业2019年脱贫攻坚工作安排部署会召开。会议提出,国有企业是脱贫攻坚的主力军,要充分发挥党组织在脱贫攻坚中的引领作用,集中优势,重点打好规模攻坚战、市场突围战、科技支撑战、资源整合战、作风建设战"五大战役"。

3月18日,西南能矿集团旗下贵州地矿股份公司与英国索拉里能源公司在贵阳签署战略合作协议,在股权合作、境外矿业项目合作开发、国内外金矿探矿权风险合作勘查、境外发债、黄金及矿产品进出口贸易等方面进一步加强合作,实现互利共赢。

3月22日,贵州盘江煤矿瓦斯利用工程研究中心创立大会暨揭牌仪式举行。中国矿业大学电气与动力工程学院、贵州大学机械工程学院、贵州大学电气工程学院和盘江煤层气公司有关人员参加会议。

3月21日,中国轻工业联合会四届五次理事会、中华全国手工业合作总社七届九次理事会在广西南宁召开，就"融合创新、提质增效、推动轻工业和集体经济高质量发展"做出部署，茅台集团申报的"中国轻工业酱香型白酒酿造工程技术研究中心"入围首批中国轻工业工程技术研究中心，相关工作人员获颁首届轻工"大国工匠"证书。

4月3日，贵州省工信厅组织召开二季度全省民爆行业安全生产工作电视电话会议。

4月15日，贵盐集团等多家国有企业开展"4·15"国家安全教育宣传活动。

4月16日，贵州瓮福开磷氟硅新材料公司在开阳矿肥工业园区举行年产3万吨无水氟化氢项目奠基仪式。

4月20日，贵州盘南煤炭开发有限责任公司12511采煤工作面投入使用的首套贵州造智能综采工作面设备通过贵州省能源局专家组验收。该系统的使用将提升安全生产保障能力，为改善作业环境和矿井安全生产创造有利条件，减轻劳动强度，提升产量。

4月24日，全省生态特色食品产业发展推进会召开。

4月25日，"传统固态发酵产业高质量发展院士论坛"在茅台集团会议中心举行，开启茅台集团与中国工程院的全面、开放、长效合作机制，助推茅台集团提升开放创新思维和技术攻关能力。

4月29日，贵州省庆祝"五一"国际劳动节暨表彰大会在贵阳国际会议中心举行，多家企业、单位和职工分别荣获"全国工人先锋号""贵州省工人先锋号""贵州省五一劳动奖章"等荣誉。

5月6日，贵阳龙洞堡国际机场启用"军人候机室"。

5月9日，2019中国品牌价值评价信息发布暨中国品牌建设高峰论坛在上海举行。开磷集团上榜能源化工企业榜单。

5月14日至16日，由中国煤矿创伤学会、中华医学会创伤分会煤矿创伤学组、中国矿山骨科联盟主办的第四届中国矿山骨科联盟学术会议暨 CMOA 骨科高峰论坛在湖北省黄石市举行。盘江总医院荣获中国煤矿创伤学会全国先进单位荣誉称号。

6月12日，贵州省农村产业革命蔬菜产业发展推进会在贵阳召开。会议提出，要凝聚各方力量，大力提升贵州蔬菜产业组织化、规模化、标准化水平，打响黔菜品牌，推动"黔菜入沪""黔菜广进""黔菜入浙"，努力把贵州建设成为长三角和粤港澳大湾区蔬菜供应基地，为决战脱贫攻坚、决胜全面小康做出积极贡献。

7月1日，全省脱贫攻坚"七一"表彰大会在贵阳举行，会议强调，全省各级党组织和广大党员要坚持以习近平新时代中国特色社会主义思想为指引，认真学习贯彻习近平总书记对黄文秀同志先进事迹做出的重要指示精神，按照"不忘初心、牢记使命"主题教育部署，会议表彰"全省脱贫攻坚先进党组织""全省脱贫攻坚优秀共产党员""全省脱贫攻坚优秀基层党组织书记""全省脱贫攻坚优秀村第一书记""全省脱贫攻坚先进党组织"。

7月10日，"中国茅台·国之栋梁"2019希望工程圆梦行动公益项目在"三区三州"扶贫开发主战场青海省海北藏族自治州举行新闻发布会。

7月26日，以"全面展示贵州省工业发展成就，全力助推工业转型升级和高质量发展，以优异成绩庆祝新中国成立70周年"为主题的首届贵阳工业产品博览会在贵阳召开。博览会坚持以习近平新时代中国特色社会主义思想为指导，紧紧围绕贵州省十大千亿级工业产业振兴行动，按照"突出创新、注重特色、展示成果、补链强链、促进发展"的总体要求，搭建工业产品供需对接、创新发展的高端平台，打造培育传播工业产品品牌、深化对外交流合作、展示贵州省改革开放成果的重要窗口，充分展示工业经济发展成就，助推工业经济转型升级、实现高质量发展。贵州省多家国有企业应邀参会。

7月29日，"'茅台王子·明亮少年'贵州希望工程陪伴行动"

公益活动发布会在贵阳举行。

8月12日至13日，"拉索制造技术与索结构标准体系编制"研讨会在贵州钢绳（集团）有限责任公司召开，会议由中国钢结构协会空间结构分会举办，贵绳集团承办，围绕索结构标准体系的构成、编制组织方式和工作进度等方面展开研讨，确定了索结构标准体系的基本构成。

8月23日，2019新华社民族品牌工程"黔系列"品牌推荐会在贵阳举行，100余家贵州企业应邀参会。

9月6日，主题为"做强做大做优企业，推进经济高质量发展"的贵州双百强企业高峰论坛在贵阳召开。论坛发布了2019贵州企业100强、2019贵州民营企业100强、2019贵州"成长之星"企业名单，首次发布了2019贵州制造业企业100强名单、2019贵州服务业企业50强名单。贵州茅台酒股份有限公司、贵州电网有限责任公司、贵州建工集团有限公司、瓮福（集团）有限责任公司等多家国有企业在列。

10月18日至20日，第十四届中国国际酒业博览会在上海国家会展中心举办。茅台集团作为明星企业参会，并在开幕式上获得中国轻工业联合会和中国酒业协会联合颁发的"中国轻工业酿酒行业十强企业"称号。

10月24日，贵州省科学技术奖励大会在贵阳举行。2018年度科学技术奖共评选出115个项目。其中：省最高科学技术奖2项；自然科学技术奖27项，包括一等奖3项、二等奖6项、三等奖18项；技术发明奖8项，包括一等奖2项、二等奖2项、三等奖4项；科学技术进步奖77项，包括一等奖6项、二等奖20项、三等奖51项；科学技术合作奖1项。省直有关部门和单位，部分中央在黔单位，部分省管国有企业，省属高校、科研院所主要负责同志，各市（州）、贵安新区分管负责同志和科技部门主要负责同志，获奖项目、科学技术工作者代表共750人参加大会。

11月19日，中国电力企业联合会发布"2019年度电力创新获奖名单"，贵州黔源电力股份有限公司"李泽宏劳模创新工作室"组织申报的"水电调控一体模式下远程防误操作和智能报警的研究及应用"成果荣获全国电力技术创新奖。

12月4日，"2019年贵州省企业社会责任报告发布会"在贵阳举行，中国航发贵州黎阳航空动力有限公司、中国贵州茅台酒厂（集团）有限责任公司、贵州茅台酒厂（集团）习酒有限责任公司、贵州国台酒业有限公司、贵州高速公路集团有限公司、中车贵阳车辆有限公司、贵州乌江水电开发有限公司、贵州建工集团有限公司、贵阳北控水务有限责任公司、贵州省农村信用社联合社、贵州银行股份有限公司、贵阳银行股份有限公司、贵州信邦制药股份有限公司等45户企业在会上进行纸质报告文本交流。

12月6日，中国勘察设计协会2019年度工程勘察、建筑设计行业和市政公用工程优秀勘察设计奖评选结果揭晓，共有1678个项目获奖，贵州省建筑设计研究院有限责任公司5个项目获奖。

12月11日，全国勘察设计行业庆祝新中国成立70周年大会暨中国勘察设计协会六届二次会员代表大会在广州召开，大会对全国勘察设计行业70年奋斗历程中涌现出的优秀勘察设计项目、优秀单位、优秀人物典型进行颁奖，贵州省建筑设计研究院有限责任公司获"优秀勘察设计企业"奖，相关工作人员获"优秀企业家"称号。

12月15日，中央广播电视总台在北京市举办"2019中国品牌强国盛典"，活动发布了2019中国品牌强国盛典十大年度榜样品牌，茅台集团上榜。

12月18日，由人民日报社发起并编制的"中国品牌发展指数"发布，茅台品牌上榜，以881.25的指数在21442家入选中国企业中位列第11位，在食品饮料行业中排名首位。

12月23日至24日,贵州省委经济工作会议在贵阳召开。会议以习近平新时代中国特色社会主义思想为指导,全面贯彻落实党的十九大和十九届二中、三中、四中全会精神,深入贯彻落实中央经济工作会议精神,总结2019年经济工作,分析当前经济形势,部署2020年经济工作。会议认为,2019年以来,面对国内外风险挑战明显上升的复杂局面,全省上下认真贯彻党中央的决策部署,坚持稳中求进的工作总基调,克服重重困难,战胜种种挑战,牢牢掌握了按时高质量打赢脱贫攻坚战的制胜权和推动经济社会高质量发展的主动权。全省经济增速继续位居全国前列,脱贫攻坚连战连胜、再战再捷,农村产业革命取得重大突破,经济高质量发展迈出坚实步伐,以交通为重点的基础设施继续保持强劲发展态势,生态环境持续向好,人民群众的获得感、幸福感、安全感进一步提升。

12月24日,贵阳机场3号航站楼桩基工程采用国内首创双套管双驱动全回转工艺施工的首根超长桩B3-96号(88.4米)完成浇筑施工,标志着首创工艺在全国喀斯特地貌下的高抛回填区域进行超长超大直径嵌岩桩基施工取得重大突破。

B.17 后 记

本书是贵州省社会科学院马克思主义研究所与贵州省国有资产管理委员会、贵州省社会科学院农村发展研究所、区域经济研究所、社会研究所、法律研究所等多部门合作形成的集体研究成果。本书对贵州省国有企业2019年履行社会责任的情况进行了全面梳理、分析和总结，对2021年贵州国有企业社会责任的履行进行科学预判；选择贵阳市、遵义市国有企业履行社会责任的情况作为样本进行具体分析；随机选择6户国有企业作为案例分析，详细展现国有企业脱贫攻坚中真抓实干精彩事例，总结国有企业党建在脱贫攻坚、防控疫情的主要做法及经验。总体看来，在省委、省政府的大力推动下，贵州省国有企业履行社会责任在脱贫攻坚、全面建成小康社会继承中，在疫情防控中发挥"顶梁柱"作用，在复工复产中发挥"主力军"作用，在落实"六稳""六保"任务中发挥"压舱石"作用，在打赢脱贫攻坚战中发挥"生力军"作用，在深化改革中发挥"排头兵"作用。在社会上得到了高度认可和赞誉，实现了政治责任、经济责任和社会责任的高度统一。

随着全面建成小康社会事业的顺利实现，贵州国有企业将一如既往以经济发展为首要任务，进一步深化国企体制机制改革，在"六稳""六保"中发挥"主力军"和"先锋队"的作用，在乡村振兴中将持续发挥新时代社会责任的主体作用，履行新的社会责任与义务。

权威报告·一手数据·特色资源

皮书数据库
ANNUAL REPORT(YEARBOOK)
DATABASE

分析解读当下中国发展变迁的高端智库平台

所获荣誉

- 2019年，入围国家新闻出版署数字出版精品遴选推荐计划项目
- 2016年，入选"'十三五'国家重点电子出版物出版规划骨干工程"
- 2015年，荣获"搜索中国正能量 点赞2015""创新中国科技创新奖"
- 2013年，荣获"中国出版政府奖·网络出版物奖"提名奖
- 连续多年荣获中国数字出版博览会"数字出版·优秀品牌"奖

成为会员

通过网址www.pishu.com.cn访问皮书数据库网站或下载皮书数据库APP，进行手机号码验证或邮箱验证即可成为皮书数据库会员。

会员福利

- 已注册用户购书后可免费获赠100元皮书数据库充值卡。刮开充值卡涂层获取充值密码，登录并进入"会员中心"—"在线充值"—"充值卡充值"，充值成功即可购买和查看数据库内容。
- 会员福利最终解释权归社会科学文献出版社所有。

数据库服务热线：400-008-6695
数据库服务QQ：2475522410
数据库服务邮箱：database@ssap.cn
图书销售热线：010-59367070/7028
图书服务QQ：1265056568
图书服务邮箱：duzhe@ssap.cn

卡号：113927834697
密码：

S 基本子库
SUB DATABASE

中国社会发展数据库（下设 12 个子库）

　　整合国内外中国社会发展研究成果，汇聚独家统计数据、深度分析报告，涉及社会、人口、政治、教育、法律等 12 个领域，为了解中国社会发展动态、跟踪社会核心热点、分析社会发展趋势提供一站式资源搜索和数据服务。

中国经济发展数据库（下设 12 个子库）

　　围绕国内外中国经济发展主题研究报告、学术资讯、基础数据等资料构建，内容涵盖宏观经济、农业经济、工业经济、产业经济等 12 个重点经济领域，为实时掌控经济运行态势、把握经济发展规律、洞察经济形势、进行经济决策提供参考和依据。

中国行业发展数据库（下设 17 个子库）

　　以中国国民经济行业分类为依据，覆盖金融业、旅游、医疗卫生、交通运输、能源矿产等 100 多个行业，跟踪分析国民经济相关行业市场运行状况和政策导向，汇集行业发展前沿资讯，为投资、从业及各种经济决策提供理论基础和实践指导。

中国区域发展数据库（下设 6 个子库）

　　对中国特定区域内的经济、社会、文化等领域现状与发展情况进行深度分析和预测，研究层级至县及县以下行政区，涉及地区、区域经济体、城市、农村等不同维度，为地方经济社会宏观态势研究、发展经验研究、案例分析提供数据服务。

中国文化传媒数据库（下设 18 个子库）

　　汇聚文化传媒领域专家观点、热点资讯，梳理国内外中国文化发展相关学术研究成果、一手统计数据，涵盖文化产业、新闻传播、电影娱乐、文学艺术、群众文化等 18 个重点研究领域。为文化传媒研究提供相关数据、研究报告和综合分析服务。

世界经济与国际关系数据库（下设 6 个子库）

　　立足"皮书系列"世界经济、国际关系相关学术资源，整合世界经济、国际政治、世界文化与科技、全球性问题、国际组织与国际法、区域研究 6 大领域研究成果，为世界经济与国际关系研究提供全方位数据分析，为决策和形势研判提供参考。

法律声明

"皮书系列"（含蓝皮书、绿皮书、黄皮书）之品牌由社会科学文献出版社最早使用并持续至今，现已被中国图书市场所熟知。"皮书系列"的相关商标已在中华人民共和国国家工商行政管理总局商标局注册，如LOGO（ ）、皮书、Pishu、经济蓝皮书、社会蓝皮书等。"皮书系列"图书的注册商标专用权及封面设计、版式设计的著作权均为社会科学文献出版社所有。未经社会科学文献出版社书面授权许可，任何使用与"皮书系列"图书注册商标、封面设计、版式设计相同或者近似的文字、图形或其组合的行为均系侵权行为。

经作者授权，本书的专有出版权及信息网络传播权等为社会科学文献出版社享有。未经社会科学文献出版社书面授权许可，任何就本书内容的复制、发行或以数字形式进行网络传播的行为均系侵权行为。

社会科学文献出版社将通过法律途径追究上述侵权行为的法律责任，维护自身合法权益。

欢迎社会各界人士对侵犯社会科学文献出版社上述权利的侵权行为进行举报。电话：010-59367121，电子邮箱：fawubu@ssap.cn。

社会科学文献出版社